AU PAYS DES CHOSES DERNIÈRES

Ce roman est d'abord paru en France sous le titre *Le Voyage d'Anna Blume* en 1989 aux éditions Actes Sud et en 1993 dans la collection Babel.

Titre original :
In the Country of Last Things
Vinking Penguin Inc., New York
Éditeur original :

ISBN 978-2-330-08159-1

PAUL AUSTER

AU PAYS DES CHOSES DERNIÈRES

(LE VOYAGE D'ANNA BLUME)

roman traduit de l'anglais (États-Unis)
par Patrick Ferragut

Lecture de Claude Grimal

BABEL

Il n'y a pas si longtemps, ayant franchi les portes du rêve, j'ai visité cette région de la terre où se trouve la célèbre Cité de la Destruction.

NATHANIEL HAWTHORNE

Ce sont les dernières choses, a-t-elle écrit. L'une après l'autre elles s'évanouissent et ne reparaissent jamais. Je peux te parler de celles que j'ai vues, de celles qui ne sont plus, mais je crains de ne pas avoir le temps. Tout se passe trop vite, à présent, et je ne peux plus suivre.

Je ne m'attends pas à ce que tu comprennes. Tu n'as rien vu de tout cela et même si tu essayais tu ne saurais te l'imaginer. Ce sont les dernières choses. Une maison se trouve ici un jour et le lendemain elle a disparu. Une rue où on a marché hier n'est plus là aujourd'hui. Même le climat varie constamment. Un jour de soleil suivi par un jour de pluie, un jour de neige suivi par un jour de brouillard, de la chaleur puis de la fraîcheur, du vent puis le calme plat, une période de froid terrible et puis aujourd'hui, au milieu de l'hiver, un après-midi de lumière parfumée, assez chaud pour qu'on ne porte que des pulls. Quand on habite dans la ville on apprend à ne compter sur rien. On ferme les yeux un instant, on se tourne pour regarder autre chose, et ce qu'on avait devant soi s'est soudain évanoui. Rien ne dure, vois-tu, pas même les pensées qu'on porte en soi. Et il ne faut pas perdre son temps à les rechercher. Lorsqu'une chose est partie, c'est définitivement.

C'est ainsi que je vis, poursuivait-elle dans sa lettre. Je ne mange guère. Juste assez pour continuer à mettre un pied devant l'autre, pas davantage. Parfois ma faiblesse est telle que j'ai l'impression que je ne parviendrai jamais à faire le pas suivant. Mais j'y arrive. Malgré les défaillances, je continue à marcher. Tu devrais voir comme je me débrouille bien.

Les rues de la ville sont partout et il n'y en a pas deux semblables. Je mets un pied devant l'autre, puis l'autre devant l'un, et j'espère pouvoir recommencer. Rien de plus que ça. Il faut que tu comprennes comment ça se passe pour moi, à présent. Je me déplace. Je respire l'air qui m'est donné, quel qu'il soit. Je mange aussi peu que possible. On a beau dire, la seule chose qui compte est de rester sur ses pieds.

Tu te souviens de ce que tu m'as dit avant mon départ. William a disparu, as-tu dit, et si énergiquement que je cherche je ne le trouverai jamais. Voilà tes paroles. Alors je t'ai répondu que ce que tu disais m'était égal, que j'allais retrouver mon frère. Et puis je suis montée sur cet horrible bateau et je t'ai quitté. Il y a combien de cela ? Je ne peux plus m'en souvenir. Des années et des années, me semble-t-il. Mais à vue de nez, seulement. Je n'en fais pas un mystère. J'ai perdu la piste et jamais rien ne me remettra dans le bon chemin.

C'est en tout cas une certitude. Sans la faim que j'éprouve je ne pourrais pas continuer. Il faut s'habituer à faire avec aussi peu que possible. En désirant moins on se contente de moins, et plus les besoins sont réduits, mieux on se porte. C'est ce que la ville te fait. Elle te met les pensées à l'envers. Elle te donne envie de vivre en même temps qu'elle essaie de te prendre ta vie. C'est quelque chose dont on ne sort pas. Tu y arrives ou pas. Et, si tu y arrives, tu ne peux pas être assuré de réussir la fois suivante. Et, si tu n'y arrives pas, il n'y aura pas de fois suivante.

Je ne sais pas pourquoi je t'écris à présent. En vérité je n'ai guère pensé à toi depuis que je suis arrivée ici. Mais soudain, après tout ce temps, j'ai le sentiment qu'il y a quelque chose à dire, et si je ne le note pas rapidement ma tête va éclater. Peu importe que tu le lises. Peu importe même que je l'envoie – en supposant que ce soit possible. Peut-être cela se ramène-t-il à la chose suivante. Je t'écris parce que tu n'es au courant de rien. Parce que tu es loin de moi et que tu n'es au courant de rien.

Il y a des gens qui sont si minces, écrivait-elle, qu'il leur arrive d'être emportés par le vent. Dans cette ville les bourrasques sont extrêmement violentes ; elles soufflent du fleuve en rafales qui te sifflent aux oreilles, te ballottent d'un côté et de l'autre, soulevant un tourbillon permanent de bouts de papiers et d'ordures devant tes pieds. Il n'est pas rare de voir les gens les plus minces se déplacer par deux et par trois – parfois ce sont des familles entières ficelées et enchaînées ensemble – pour se lester mutuellement face aux bourrasques. D'autres renoncent complètement à sortir, s'agrippant aux entrées des maisons et aux renfoncements, jusqu'à ce que même le ciel le plus serein leur semble menaçant. Mieux vaut pour eux attendre calmement dans leur coin, se disent-ils, que d'être précipités contre les pierres. On peut aussi acquérir une telle aptitude à se passer de nourriture qu'on finit par arriver à ne rien manger du tout.

C'est encore pire pour ceux qui luttent contre leur faim. Trop penser à manger ne peut que causer des ennuis. Il y a ceux qui s'obsèdent, qui refusent de se soumettre aux faits. Ils écument les rues à toute heure, fouillant les ordures à la recherche d'une bouchée, prenant des risques énormes pour la plus infime des miettes. Peu importe combien ils en trouvent, ils n'en auront jamais assez. Ils mangent sans jamais se repaître, lacérant leur nourriture avec une hâte bestiale, grattant de leurs doigts osseux tandis que leurs mâchoires tremblantes ne restent jamais fermées. Presque tout leur dégouline le long du menton, et ce qu'ils réussissent à avaler est généralement régurgité au bout de quelques minutes. C'est une mort lente, comme si la nourriture était un brasier, une folie qui les consume de l'intérieur. Ils croient manger pour rester en vie, mais finalement ce sont eux qui sont dévorés.

Il s'avère que s'alimenter est une affaire compliquée, et, à moins d'apprendre à accepter ce qui t'échoit, tu n'arrives jamais à te sentir en paix avec toi-même. Les pénuries sont fréquentes et un aliment qui t'a fait plaisir tel jour a toutes chances d'avoir disparu le lendemain. Les marchés municipaux sont probablement les endroits les plus sûrs pour faire des courses, ceux sur lesquels on peut le plus compter. Mais les prix y sont élevés et le choix très restreint. Un jour il n'y a que des radis, un autre rien que du gâteau au chocolat rassis. Changer de régime si souvent et si radicalement peut mettre l'estomac à très rude épreuve. Mais les marchés municipaux ont l'avantage d'être sous surveillance policière et tu te dis qu'au moins ce que tu y achètes finira dans ton estomac et non dans celui de quelqu'un d'autre. Les vols d'aliments dans les rues sont si fréquents qu'ils ne sont même plus considérés comme des crimes. De plus, les marchés municipaux constituent la seule forme de distribution alimentaire légalement autorisée. Il y a beaucoup d'épiciers privés, dans toute la ville, mais leurs marchandises peuvent leur être confisquées à n'importe quel moment. Même ceux qui ont les moyens de payer à la police les pots-de-vin nécessaires pour continuer à travailler doivent constamment affronter la menace d'attaques de la part des voleurs. Lesdits voleurs sont aussi le fléau des clients des marchés privés, et on a démontré statistiquement qu'un achat sur deux suscite un acte de brigandage.

De tels risques, me semble-t-il, ne valent guère d'être pris pour avoir le bonheur éphémère d'une orange ou pour goûter du jambon cuit. Mais les gens sont insatiables : la faim est une malédiction qui reprend chaque jour et l'estomac est un gouffre sans fond, un trou aussi vaste que le monde. Les marchés privés tournent donc bien malgré les obstacles, partant d'un endroit pour en gagner un autre, toujours en déplacement, surgissant une heure ou deux quelque part avant de disparaître. Un mot d'avertissement, cependant. Si tu dois te fournir dans un marché privé, veille bien à éviter les négociants renégats, car la fraude fleurit et nombreux sont ceux qui vendent n'importe quoi pour le moindre bénéfice : des œufs et des oranges remplis de sciure, des bouteilles de pisse en guise de bière. Non il n'y a rien que les gens se retiennent de faire, et le plus vite tu l'auras appris, le mieux tu te porteras.

Lorsque tu marches dans les rues, poursuivait-elle, tu dois te souvenir de ne faire qu'un pas à la fois. Sinon la chute est inévitable. Tes yeux doivent être constamment en alerte, braqués vers le haut, le bas, devant, derrière, surveillant d'autres corps, à l'affût de l'imprévisible. Une collision avec quelqu'un peut être fatale. Deux individus se bousculent et puis se mettent à s'assommer à coups de poing. Ou bien ils tombent au sol et n'essaient pas de se relever. Car, tôt ou tard, vient un moment où l'on ne fait plus l'effort de se relever. Les corps souffrent, vois-tu, il n'y a pas de remède à cela. Et bien plus atrocement ici qu'ailleurs.

Les gravats présentent un problème particulier. Il faut apprendre à passer des tranchées qu'on n'a pas remarquées, des tas de pierres imprévus, des petites ornières, tout cela de façon à ne pas trébucher ni se blesser. Et puis il y a le pire, les péages, qu'on n'évite que par l'astuce. Il suffit qu'il y ait des bâtiments effondrés ou des ordures accumulées pour que s'élèvent de grands tas au milieu de la rue, bloquant tout passage. Il y a des hommes pour construire ces barricades chaque fois que les matériaux sont disponibles. Puis, armés de gourdins, de carabines ou de briques, ils montent dessus. De leur perchoir ils attendent que les gens viennent. Ce sont eux qui tiennent la rue. Si on veut passer, on doit donner à ces gardiens ce qu'ils exigent. Parfois de l'argent ; parfois de la nourriture ; parfois du sexe. Les brutalités sont habituelles, et de temps à autre on entend parler d'un meurtre.

De nouveaux péages se dressent, les anciens s'en vont. Tu ne sais jamais quelle rue prendre, ni laquelle éviter. Par bribes, la ville te dépouille de toute certitude. Il ne peut jamais exister de chemin tracé d'avance, et tu ne peux survivre que si rien ne t'est nécessaire. Tu dois pouvoir tout changer de but en blanc, laisser tomber ce que tu fais, repartir en arrière. A la fin, il n'y a rien qui échappe à cette règle. Par conséquent, il te faut apprendre à déchiffrer les signaux. Lorsque les yeux sont défaillants, le nez vient parfois à la rescousse. Mon odorat est devenu anormalement sensible. Malgré les effets secondaires – la nausée soudaine, le vertige, la peur qui survient lorsque l'air fétide m'envahit le corps –, mon nez me protège lorsque je tourne au coin d'une rue – l'endroit des plus grands dangers. Les péages, en effet, ont une puanteur particulière qu'on apprend à distinguer même de très loin. Composés de pierres, de ciment et de bois, ces monticules contiennent aussi des ordures et des éclats de plâtre : le soleil agit sur les immondices, produisant une odeur encore plus infecte qu'ailleurs, tandis que la pluie travaille le plâtre pour le boursoufler et le dissoudre, de façon qu'il dégage ses propres émanations. Et lorsque les deux agissent l'un sur l'autre avec de brusques alternances de sécheresse et d'humidité, le péage se met alors à exhaler toute son odeur. L'essentiel est de ne pas s'accoutumer. Car les habitudes sont mortelles. Même si c'est la centième fois, il faut aborder chaque chose comme si on ne l'avait encore jamais rencontrée. Peu importe combien de fois, ce doit toujours être la première. Ce qui est pratiquement impossible, je m'en rends bien compte, mais c'est une règle absolue.

On se dit que tôt ou tard tout cela devrait prendre fin. Les choses tombent en morceaux et s'évanouissent alors que rien de neuf n'est créé. Les gens meurent et les bébés refusent de naître. Durant toutes les années que j'ai passées ici, je ne peux pas me rappeler avoir vu un seul nouveau-né. Et pourtant il y a toujours de nouveaux arrivants pour remplacer les disparus. Ils affluent des campagnes et des villes de la périphérie, tirant des chariots où s'empilent en hauteur toutes leurs possessions, ou encore dans des voitures délabrées qui passent en pétaradant, et ils sont tous affamés, tous sans abri. Jusqu'à ce qu'ils soient au courant des usages de la ville, ces nouveaux venus constituent des victimes faciles. Un bon nombre d'entre eux se font escroquer leur argent avant la fin du premier jour. Il y en a qui paient des appartements qui n'existent pas, d'autres qui se laissent entraîner à verser des commissions pour des emplois qui ne se concrétisent jamais, d'autres encore qui déboursent leurs économies pour acheter de la nourriture qui s'avère n'être rien d'autre que du carton peint. Encore ces supercheries-là sont-elles les plus ordinaires. Je connais quelqu'un qui gagne sa vie en se postant devant l'ancien hôtel de ville et en demandant un paiement chaque fois qu'un des nouveaux venus jette un coup d'œil à l'horloge de la tour. Si une dispute survient, son assistant, qui joue le béjaune, fait semblant de se plier au rituel de regarder l'horloge et de payer, de façon que l'étranger croie que c'est la pratique habituelle. Ce qui est stupéfiant, ce n'est pas qu'existent des escrocs, mais qu'il leur soit si facile d'amener les gens à se départir de leur argent.

Quant à ceux qui ont un logement, ils courent toujours le danger de le perdre. La plupart des bâtiments ne connaissant pas de propriétaire, on n'a pas de droits en tant que locataire : pas de bail, pas de support juridique sur lequel s'appuyer si les choses tournent contre soi. Il n'est pas rare que des gens soient expulsés de leur appartement par la force et jetés à la rue. Une bande te tombe dessus avec des carabines et des gourdins, et t'ordonne de déguerpir ; à moins d'estimer être plus fort qu'eux, que te reste-t-il comme choix ? Cette pratique est connue sous le nom d'effraction, et il y a peu de gens de la ville qui, à un moment ou un autre, n'aient pas perdu leur logement de cette manière. Mais même si tu as la chance d'échapper à cette forme-là d'expulsion, tu ne sais jamais quand tu seras victime de l'un des propriétaires fantômes. Ce sont des gens qui extorquent de l'argent et terrorisent pratiquement tous les quartiers en forçant les habitants à payer des primes de protection pour pouvoir rester dans leur appartement. Ils s'autoproclament propriétaires d'un bâtiment, escroquent les occupants et ne rencontrent presque jamais d'opposition.

Pour ceux qui n'ont pas de logement, cependant, la situation est au-delà de toute issue. Bien qu'il n'existe jamais rien de libre, les agences de location continuent une sorte d'activité. Elles insèrent chaque jour des annonces dans le journal, faisant hardiment état d'appartements à louer pour attirer des clients dans leurs officines et leur soutirer une commission. Personne n'est dupe de ce manège, et pourtant il existe un nombre élevé de personnes qui acceptent d'engloutir leurs derniers sous dans ces promesses illusoires. Ils arrivent tôt le matin devant les bureaux, font patiemment la queue, parfois pendant des heures, rien que pour pouvoir s'asseoir dix minutes avec un employé et regarder des photos d'immeubles dans des rues bordées d'arbres, des pièces confortables, des appartements équipés de tapis et de fauteuils en cuir souple – scènes paisibles pour évoquer une bonne odeur de café qui flotte depuis la cuisine, la vapeur d'un bain chaud, les couleurs brillantes de plantes dans leurs pots joliment rangés sur le rebord d'une fenêtre. Personne ne semble se soucier du fait que ces photos datent de plus de dix ans.

Nous sommes si nombreux à être redevenus comme des enfants. Ce n'est pas que nous le voulions, comprends-tu, ni qu'aucun de nous en soit réellement conscient. Mais lorsque l'espérance s'est enfuie, lorsqu'on découvre qu'on a même cessé d'espérer que l'espérance soit possible, on a tendance à remplir les espaces vides par des rêves, des petites pensées enfantines et des histoires qui aident à tenir. Même les plus endurcis ont du mal à s'en empêcher. Sans cérémonie ni préalable, ils coupent court à ce qu'ils sont en train de faire, s'assoient et parlent des désirs qui ont surgi en eux. La nourriture est évidemment un de leurs sujets préférés. Il est fréquent de surprendre une conversation de groupe où on décrit un repas dans tous ses détails, en commençant par les soupes et les amuse-gueule pour arriver lentement au dessert, en insistant sur chaque saveur et chaque épice, sur les divers goûts et arômes, en se concentrant tantôt sur la méthode de préparation, tantôt sur les effets de l'acte même de manger, depuis le premier picotement sur la langue jusqu'à la sensation de paix qui vous envahit graduellement à mesure que l'aliment descend le long de la gorge pour atteindre le ventre. Ces conversations durent parfois des heures et suivent un rituel extrêmement rigoureux. On ne doit jamais rire, par exemple, et on ne doit jamais laisser la faim prendre le dessus sur soi-même. Pas d'éclats, pas de soupirs involontaires. Cela conduirait à des pleurs et rien ne gâte une conversation gastronomique plus vite que des larmes. Pour avoir les meilleurs résultats, il faut laisser son esprit plonger dans les paroles qui surgissent de la bouche des autres. Si on réussit à se laisser absorber par ces paroles, on parvient à oublier sa faim et à entrer dans ce que les gens appellent "le domaine du nimbe nourricier". Il y a même ceux qui soutiennent que ces conversations gastronomiques ont une valeur nutritive – si elles atteignent la concentration nécessaire et s'il y a chez les participants le même désir de croire aux paroles énoncées.

Tout ceci appartient à la langue des spectres. Il existe bien d'autres formes de conversation possibles dans cette langue. La plupart d'entre elles commencent dès que quelqu'un dit à un autre : Je voudrais. Ce qu'il souhaite peut être n'importe quoi, du moment que c'est irréalisable. Je voudrais que le soleil ne se couche jamais. Je voudrais que l'argent pousse dans mes poches. Je voudrais que la ville soit comme autrefois. Tu vois ce que je veux dire. Des choses absurdes et infantiles, dépourvues de sens et de réalité. En général, les gens croient fermement qu'autrefois les choses, si mauvaises qu'elles aient pu être, étaient meilleures qu'aujourd'hui. Comment elles étaient il y a deux jours vaut même mieux que comment elles étaient hier. Plus on recule dans le passé, plus le monde devient beau et désirable. On s'extrait du sommeil chaque matin pour se retrouver en face de quelque chose qui est toujours pire que ce qu'on a affronté la veille ; mais, en parlant du monde qui a existé avant qu'on s'endorme, on peut se donner l'illusion que le jour présent n'est qu'une apparition ni plus ni moins réelle que le souvenir de tous les autres jours qu'on trimbale à l'intérieur de soi.

Je comprends pourquoi les gens jouent ce jeu, mais personnellement je ne le trouve pas du tout à mon goût. Je refuse de parler la langue des spectres, et chaque fois que j'entends quelqu'un l'utiliser, je m'éloigne ou je me bouche les oreilles avec les mains. Oui, les choses ont changé en ce qui me concerne. Tu te souviens de la petite fille enjouée que j'étais. Tu n'étais jamais rassasié de mes histoires, des mondes que j'imaginais et dans lesquels nous jouions. Le Château sans Retour, le Pays de la Tristesse, la Forêt des Mots oubliés. T'en souviens-tu ? A quel point j'aimais te raconter des mensonges, t'amener par ruse à croire mes contes, et combien j'aimais voir ton visage prendre une expression sérieuse tandis que je te faisais passer d'une scène incongrue à la suivante ? Puis je t'avouais que c'était tout inventé, et tu te mettais à pleurer. Je crois que j'aimais tes pleurs autant que ton sourire. Oui, j'étais sans doute un peu perverse, même à cette époque où je portais les petites robes que ma mère me mettait, avec mes genoux écorchés, couverts de croûtes, et ma petite chatte de bébé sans poils. Mais tu m'as aimée, n'est-ce pas ? Tu m'as aimée jusqu'à t'en rendre fou.

A présent, je ne suis que bon sens et froids calculs. Je ne veux pas être comme les autres. Je vois ce que leurs fantasmes leur font, et je ne veux pas que cela m'arrive. Le peuple des spectres meurt toujours dans son sommeil. Pendant un mois ou deux, ils se promènent avec un sourire étrange aux lèvres, et un halo bizarre d'altérité flotte autour d'eux comme s'ils avaient déjà commencé à disparaître. Les symptômes ne laissent place à aucun doute, pas plus que les signes annonciateurs : la légère rougeur des joues, les yeux un peu plus grands que d'habitude, le pas traînant et léthargique, l'odeur infecte du bas du corps. Et pourtant c'est probablement une mort heureuse. Je le leur concède volontiers. Il m'est presque arrivé de les envier. Mais au bout du compte je ne peux pas me laisser aller. Je ne me le permettrai pas. Je vais tenir aussi longtemps que je peux, même si ça me tue.

D'autres morts sont plus dramatiques. C'est ainsi qu'il y a les Coureurs, une secte d'individus qui dévalent les rues aussi vite qu'ils peuvent en battant furieusement des bras, en frappant l'air et en criant à s'époumoner. La plupart du temps, ils se déplacent en groupes de six, dix, voire vingt, fonçant ensemble le long de la voie, ne s'arrêtant à aucun obstacle sur leur chemin, courant et courant jusqu'à ce qu'ils tombent d'épuisement. Leur but est de mourir aussi rapidement que possible, de se malmener au point que leur cœur ne puisse plus tenir. Les Coureurs disent que personne ne serait assez courageux pour y parvenir tout seul. Dans une course en groupe, chaque membre est emporté par les autres, encouragé par les hurlements, fouetté jusqu'à cette frénésie d'endurance autopunitive. Il y a là un côté ironique : pour se tuer en courant, il faut d'abord s'entraîner à devenir un bon coureur, sinon on n'aura pas la force de se pousser assez loin. Les Coureurs se livrent donc à des préparatifs rigoureux pour accomplir leur destin fatal, et, s'il leur arrive de tomber alors qu'ils sont en chemin vers ce destin, ils savent se relever immédiatement et continuer. Je suppose que c'est une sorte de religion. Il existe plusieurs bureaux à travers la ville – un pour chacune des neuf zones de recensement – et pour adhérer on doit subir toute une série de difficiles épreuves d'initiation : retenir son souffle sous l'eau, jeûner, mettre la main sur une flamme de bougie, ne parler à personne durant sept jours. Une fois accepté, on doit se soumettre au code du groupe. Ce qui implique entre six et douze mois de vie en communauté, un régime rigoureux d'exercice et d'entraînement, ainsi qu'une réduction progressive de la quantité de nourriture ingérée. Lorsqu'un membre est prêt à faire sa course fatale, il a atteint simultanément son point ultime de force et de faiblesse. Théoriquement, il peut courir éternellement, mais en même temps son corps a brûlé toutes ses ressources. Cette combinaison produit le résultat recherché. Le candidat part avec ses compagnons le matin du jour fixé et court jusqu'à ce qu'il échappe à son corps : il court et hurle jusqu'à ce qu'il se soit envolé hors de lui-même. Il arrive un moment où son âme arrive à s'extraire et à se libérer. Son corps tombe alors à terre, et il est mort. Les Coureurs, dans leur publicité, prétendent que leur méthode a un taux de réussite de plus de quatre-vingt-dix pour cent – ce qui signifie que pratiquement personne ne se voit jamais dans l'obligation de faire une deuxième course à la mort.

Les morts solitaires sont plus habituelles. Mais elles aussi se sont transformées en une sorte de rite public. Les gens grimpent sur les lieux les plus élevés, sans autre raison que celle de sauter. Le Saut ultime, tel est son nom, et j'avoue que c'est un spectacle qui a quelque chose de poignant, quelque chose qui semble ouvrir en toi tout un monde de liberté nouvelle : de voir ce corps en équilibre au bord du toit, et puis, toujours, un petit instant d'hésitation (comme issu du désir de savourer ces dernières secondes) tandis que ta propre vie se noue dans ta gorge ; alors, à l'improviste (car on n'est jamais sûr du moment où ça va se produire), le corps se précipite dans le vide et fend les airs jusqu'à la chaussée. Tu serais surpris de l'enthousiasme des foules, de leurs acclamations frénétiques, de leur excitation. C'est comme si la violence et la beauté du spectacle les avaient arrachés à eux-mêmes, leur avaient fait oublier l'étroitesse de leur propre vie. Le Saut ultime est un acte que chacun peut comprendre, qui correspond aux désirs profonds de tous : mourir en un éclair, s'annihiler en un bref et glorieux instant. Il m'arrive de penser que la mort est véritablement la seule chose dont nous ayons le sens. C'est notre forme d'art, notre seule façon de nous exprimer.

Il y a quand même ceux d'entre nous qui réussissent à vivre. Car la mort aussi est devenue source de vie. Lorsque tant de gens réfléchissent à la manière de mettre un terme aux choses, méditent sur les diverses façons de quitter ce monde, tu t'imagines bien les occasions d'en tirer profit. Quelqu'un d'adroit peut très bien vivre de la mort d'autrui. Car tout le monde n'a pas la bravoure des Coureurs ou des Sauteurs, et nombreux sont ceux qui ont besoin d'être soutenus dans leur décision. La capacité de payer ces services est naturellement une condition préalable, ce qui fait que peu de gens, en dehors des plus riches, peuvent y avoir recours. Mais c'est pourtant un domaine où le commerce est florissant, surtout dans les Cliniques d'euthanasie. Ces dernières se répartissent en divers modèles, selon le prix que tu es disposé à payer. Le modèle le plus simple et le moins cher ne prend pas plus d'une heure ou deux ; dans les publicités, on l'appelle le Voyage retour. Tu te fais enregistrer à la Clinique, tu paies ton billet au guichet, et puis on te conduit dans une petite chambre privée où il y a un lit tendu de frais. Un employé te borde et te fait une injection, à la suite de quoi tu pars doucement à la dérive dans un sommeil dont tu ne te réveilles jamais. Un peu plus haut dans l'échelle des prix se trouve le Parcours des merveilles, qui dure de un à trois jours selon les cas. Il consiste en une série de piqûres à intervalles réguliers qui donnent au client la sensation euphorique de se laisser aller et d'être heureux, jusqu'à ce qu'une dernière injection, fatale celle-là, lui soit administrée. Ensuite, il y a la Croisière des plaisirs, qui peut durer jusqu'à deux semaines. On offre aux clients une vie d'opulence, on cherche à les satisfaire avec un soin qui se compare à la splendeur des hôtels de luxe de jadis. Il y a des repas raffinés, des vins, des divertissements, même un bordel prévu pour les besoins des femmes comme des hommes. Tout cela demande pas mal d'argent, mais, pour certaines personnes, une chance de connaître la belle vie, ne serait-ce qu'un court moment, représente une tentation irrésistible.

Les Cliniques d'euthanasie ne constituent cependant pas le seul moyen d'acheter sa propre mort. Il existe aussi des Clubs d'assassinat qui connaissent une popularité croissante. Celui qui veut mourir, mais qui a trop peur pour s'en charger lui-même, s'inscrit au Club d'assassinat de sa zone de recensement, moyennant une cotisation modique. On lui attribue alors un assassin. Le client n'est nullement informé des dispositions prises, et tout ce qui concerne sa mort reste pour lui une énigme : la date, le lieu, la méthode qui sera utilisée, l'identité de son tueur. En un certain sens, la vie continue comme toujours. La mort reste à l'horizon, c'est une certitude absolue, mais elle est indéchiffrable quant à sa forme spécifique. Au lieu de la vieillesse, de la maladie ou d'un accident, le membre d'un Club d'assassinat peut compter sur une mort rapide et violente dans un avenir pas très lointain : une balle dans le cerveau, un couteau dans le dos, des mains nouées autour de sa gorge au milieu de la nuit. Le résultat de tout ceci, me semble-t-il, est de renforcer sa vigilance. La mort n'est plus une abstraction, mais une éventualité réelle qui hante chaque moment de la vie. Au lieu de se soumettre passivement à l'inéluctable, ceux qui sont marqués pour être abattus ont tendance à devenir plus alertes, plus vigoureux dans leurs mouvements, plus pénétrés du sens de vivre – comme transformés par une nouvelle compréhension des choses. En fait, un bon nombre d'entre eux se rétractent et choisissent à nouveau la vie. Mais c'est une affaire compliquée. Car une fois qu'on est inscrit à un Club d'assassinat on n'a pas le droit d'en partir. En revanche, celui qui réussit à tuer son bourreau peut être relevé de son obligation – et, s'il le désire, être employé à son tour comme tueur. C'est là que réside le danger du travail d'assassin et la raison pour laquelle il est si bien payé. Il est rare qu'un assassin soit tué, car il est forcément plus expérimenté que sa victime désignée, mais ça se produit parfois. Beaucoup de pauvres, surtout de jeunes hommes pauvres, font des économies pendant des mois, voire des années, rien que pour pouvoir adhérer à un Club d'assassinat. Leur but est de se faire engager comme assassin – et par conséquent de s'élever à une meilleure vie. Il y en a peu qui y réussissent. Si je te racontais l'histoire de certains de ces garçons tu n'en dormirais pas d'une semaine.

Tout ceci débouche sur une grande quantité de problèmes pratiques. La question des corps, par exemple. Les gens ne meurent pas ici comme au temps jadis, où ils expiraient tranquillement dans leur lit ou dans le sanctuaire hygiénique d'une salle d'hôpital. Ils meurent là où ils se trouvent, et pour la plupart d'entre eux cela signifie la rue. Je ne parle pas seulement des Coureurs, des Sauteurs et des membres de Clubs d'assassinat (car ils ne forment qu'une petite fraction de la totalité), mais de vastes tranches de population. Une bonne moitié des gens sont des sans-logis qui n'ont absolument aucun endroit où aller. Il y a donc des cadavres partout où l'on se tourne – sur le trottoir, dans les entrées, sur la chaussée elle-même. Ne me demande pas de me lancer dans les détails. C'est assez pour moi de le dire – c'est même plus qu'assez. A l'inverse de ce que tu pourrais croire, le vrai problème n'est jamais le manque de pitié. Rien ne se fend ici plus facilement que le cœur.

La plupart des cadavres sont nus. Des charognards écument les rues en permanence, et il ne faut jamais très longtemps avant qu'un mort soit dépouillé de ses possessions. Les souliers partent en premier, parce qu'ils sont très recherchés et qu'il est très difficile de s'en procurer. Les poches viennent en second dans l'ordre des convoitises, mais ensuite c'est généralement tout le reste qui suit, c'est-à-dire les vêtements et ce qu'ils peuvent contenir. A la fin, arrivent les hommes aux ciseaux et aux tenailles qui arrachent de la bouche les dents en or et en argent. Comme c'est un sort inéluctable, beaucoup de familles se chargent elles-mêmes de dépouiller leurs morts, ne voulant pas laisser cela à des étrangers. Il y a des cas où elles agissent par souci de préserver la dignité de leur bien-aimé ; mais il y en a d'autres où c'est simplement une question d'égoïsme. Ce dernier point est peut-être trop subtil. Si l'or d'une dent de ton mari peut te permettre de te nourrir pendant un mois, qui oserait dire que tu as tort de l'arracher ? Ce genre de comportement est repoussant, je le sais bien, mais celui qui veut survivre ici doit pouvoir céder sur des questions de principe.

Tous les matins, la municipalité fait sortir des camions pour ramasser les cadavres. C'est la fonction principale du gouvernement ; aussi dépense-t-on plus d'argent pour cela que pour n'importe quoi d'autre. Tout autour des bords de la ville se trouvent les crématoires – les prétendus Centres de transformation – dont on peut voir nuit et jour la fumée monter dans le ciel. Mais les rues sont si mal entretenues, à présent, et elles sont si nombreuses à être retombées à l'état de rocaille, que cette tâche devient de plus en plus ardue. Les hommes doivent arrêter les camions et partir fourrager à pied, ce qui ralentit considérablement le travail. En plus, il y a souvent des pannes mécaniques de véhicule et, de temps à autre, des explosions d'agressivité de la part de la population. Car c'est un passe-temps habituel, chez les sans-logis, que de lancer des pierres aux employés des transports mortuaires. Bien que ces ouvriers soient armés et qu'on ait relevé des cas où ils ont tiré sur la foule à la mitraillette, quelques-uns de ces lanceurs de cailloux sont très habiles à se cacher, et leur tactique de harcèlement et de disparition peut parfois entraîner l'arrêt total du ramassage. Ces agressions n'ont pas de motifs cohérents. Elles proviennent de la colère, du ressentiment, de l'ennui, et comme les employés au ramassage sont les seuls fonctionnaires municipaux à jamais se montrer dans le voisinage, ils constituent des cibles commodes. On pourrait dire que ces pierres représentent le dégoût des gens envers un gouvernement qui ne fait rien pour eux avant qu'ils soient morts. Mais ce serait aller trop loin. Ces cailloux sont une façon d'exprimer le malheur et c'est tout. Car il n'y a pas de politique en tant que telle dans la ville. Les gens sont trop affamés, trop pris dans leurs pensées, trop dressés les uns contre les autres pour cela.

*

La traversée a duré dix jours et j'étais la seule passagère. Mais tu le sais déjà. Tu as rencontré le capitaine et l'équipage, tu as vu ma cabine, il n'y a pas lieu de revenir là-dessus. Je passais mon temps à regarder l'eau et le ciel, c'est à peine si j'ai ouvert un livre au cours de ces dix jours. Nous sommes arrivés à la ville pendant la nuit et c'est seulement à cet instant-là que j'ai commencé à ressentir un peu de panique. Le rivage était complètement noir, sans aucune lumière nulle part, et on avait l'impression d'entrer dans un monde invisible, un endroit où seuls des aveugles vivaient. Mais j'avais l'adresse du bureau de William, ce qui m'a quelque peu rassurée. Il me suffit d'y aller, me suis-je dit, et puis les choses s'enclencheront d'elles-mêmes. Je comptais bien, au pire, pouvoir retrouver la trace de William. Mais je n'avais pas imaginé que les rues auraient disparu. Ce n'était pas une question de bureau vide ou d'immeuble abandonné. Il n'y avait pas d'immeuble, pas de rue, pas de ci ou de ça : rien que des pierres et des gravats sur des hectares à la ronde.

Il s'agissait de la troisième zone de recensement, comme je l'ai su plus tard ; et, presque une année auparavant, une sorte d'épidémie s'y était déclarée. La municipalité était intervenue, avait muré la zone et tout rasé par le feu. C'est du moins ce que j'ai entendu dire. Depuis, j'ai appris à ne pas accorder trop de crédit à ce qu'on me dit. Ce n'est pas que les gens veuillent vraiment mentir, c'est seulement que dès qu'il s'agit du passé la vérité tend à s'obscurcir rapidement. Des légendes surgissent en quelques heures, des histoires invraisemblables se répandent, et les faits sont vite enfouis sous des

Perception de ce qu'on voit

montagnes de théories incongrues. Dans cette ville, la meilleure méthode consiste à ne croire que ses propres yeux. Mais même cela n'est pas infaillible. Car il y a peu de choses qui soient jamais comme elles le paraissent, surtout ici où il y a tant à enregistrer à chaque pas, où il y a tant qui défie l'entendement. Tout ce que tu vois a la capacité de te blesser, de te diminuer, comme si par le seul acte de voir une chose tu étais dépouillé d'une partie de toi-même. On a souvent l'impression qu'il est dangereux de regarder, et on a tendance à détourner les yeux, voire à les fermer. De ce fait, il est facile de s'embrouiller, de ne pas être sûr de percevoir réellement la chose qu'on croit fixer. Car il se pourrait qu'on soit en train de l'imaginer ou de la confondre avec une autre, ou même de se remémorer une chose déjà vue – sinon déjà imaginée. Tu vois combien c'est complexe. Il ne suffit pas de simplement regarder et de se dire : "Je regarde tel objet." Car c'est une chose de se le dire lorsque l'objet devant ses yeux est, disons, un crayon ou une croûte de pain. Mais qu'en est-il lorsqu'on se trouve devant un enfant mort, une petite fille étendue toute nue dans la rue, la tête fracassée et ensanglantée ? Ce n'est pas une affaire simple, vois-tu, de déclarer carrément et sans aucune hésitation : "Je regarde une enfant morte." L'esprit semble renâcler à former ces mots, et, d'une certaine façon, on ne peut se résoudre à le faire. Car l'objet devant tes yeux n'est pas quelque chose que tu puisses très facilement séparer de toi-même. C'est ce que je veux dire par être blessé : tu ne peux pas voir, sans plus, car chaque chose vue t'appartient aussi en quelque manière et fait partie de l'histoire qui se déroule à l'intérieur de toi. Il serait agréable, je suppose, de s'endurcir au point de ne plus être affecté par rien. Mais alors on serait seul, tellement coupé de tous les autres que la vie deviendrait impossible. Il y a ici des gens qui y parviennent, qui trouvent la force de se transformer en monstres, mais tu serais surpris de savoir comme ils sont peu nombreux. Ou bien, pour le formuler autrement : nous sommes tous devenus des monstres, mais il n'y a presque personne qui ne garde en lui quelque vestige de la vie telle qu'elle était jadis.

C'est là peut-être le plus grand de tous les problèmes. La vie telle que nous la connaissons a pris fin, et personne encore n'est en mesure de saisir ce qui l'a remplacée. Ceux d'entre nous qui ont été élevés ailleurs, ou qui sont assez âgés pour se souvenir d'un monde différent de celui-ci, doivent lutter terriblement, uniquement pour se maintenir jour après jour. Je ne parle pas seulement des épreuves qu'on subit. Devant l'incident le plus ordinaire, on ne sait plus comment agir, et comme on ne peut agir on se trouve incapable de réfléchir. Le cerveau sombre dans la confusion. Autour de soi tout n'est que changement, chaque jour amène un nouveau bouleversement, les hypothèses d'hier ne sont plus que du vide et du vent. Là est le dilemme. D'un côté tu veux survivre, t'adapter, tirer le meilleur parti des choses telles qu'elles sont. Mais, de l'autre, il faudrait pour y arriver que tu extermines tout ce qui jadis te désignait à tes propres yeux comme un être humain. Comprends-tu ce que je veux dire ? Pour vivre, tu dois te faire mourir. C'est pourquoi tant de gens ont abandonné. Car ils peuvent lutter aussi farouchement qu'ils veulent, ils savent qu'ils perdront forcément. Et quand on en arrive là, il est certainement absurde de vouloir même lutter.

Dans mon esprit, ça s'embrouille à présent : ce qui a eu lieu et n'a pas eu lieu, les rues la première fois, les jours, les nuits, le ciel au-dessus de moi, les pierres qui s'étendent au loin. Je crois me rappeler avoir beaucoup regardé en l'air comme si je fouillais le ciel à la recherche d'une lacune, ou d'un surplus, enfin de quelque chose qui l'aurait différencié d'autres cieux, comme si le firmament pouvait expliquer les choses que je voyais autour de moi. Il se pourrait cependant que je sois dans l'erreur. Peut-être suis-je en train de reporter mes observations plus tardives sur celles des premiers jours. Mais je doute que ça puisse avoir quelque importance, surtout à présent.

Après une longue et minutieuse étude, je peux annoncer sans risque que le ciel ici est identique à celui qui se trouve au-dessus de toi. Nous avons les mêmes nuages et la même luminosité, les mêmes tempêtes et les mêmes accalmies, les mêmes vents qui emportent tout sur leur passage. Si les effets diffèrent quelque peu ici, c'est uniquement à cause de ce qui se passe au sol. C'est ainsi que les nuits ne sont jamais tout à fait comme chez nous. On retrouve la même obscurité et la même immensité, mais il y manque la sensation de calme, remplacée par un inlassable courant de fond, un murmure qui te tire vers le bas et te pousse en avant sans relâche. Et puis, dans la journée, la luminosité devient parfois intolérable – c'est un éblouissement qui t'étourdit et semble tout blanchir tandis que les surfaces déchiquetées miroitent et que l'air lui-même lance presque des reflets. La lumière se comporte de telle façon que les couleurs se déforment de plus en plus à mesure qu'on s'approche d'elles. Même les ombres sont agitées, secouées par des pulsations fiévreuses et fantasques sur leurs contours. Dans cette lumière, il faut faire attention de ne pas ouvrir trop grands les yeux, de cligner avec l'exacte précision qui permet de garder l'équilibre. Sinon, on trébuche en marchant et je n'ai pas besoin de m'étendre sur les dangers des chutes. S'il n'y avait l'obscurité et ces nuits étranges qui descendent sur nous, je pense parfois que le ciel se brûlerait entièrement. Les jours finissent quand ils doivent le faire, au moment précis où le soleil paraît avoir épuisé les choses sur lesquelles il brille. Rien ne pourrait encore adhérer à cet éclat. Tout ce monde si peu plausible se liquéfierait et ce serait la fin.

Lentement et sûrement la ville semble se consumer, et cela bien qu'elle subsiste. C'est absolument inexplicable. Je ne peux qu'enregistrer, je ne prétends pas comprendre. Tous les jours, dans les rues, on entend des explosions comme si quelque part au loin un bâtiment s'écroulait ou un trottoir s'effondrait. Mais on ne les voit jamais se produire. Si souvent qu'on entende ces bruits, leur source reste toujours invisible. Tu te dis qu'une fois ou l'autre l'explosion devrait avoir lieu en ta présence. Mais les faits se moquent des probabilités. Ne crois pas que j'invente – ces bruits ne proviennent pas de ma tête. Les autres les entendent, eux aussi, même s'ils n'y font guère attention. Quelquefois ils s'arrêtent pour en dire deux mots, mais ils ne paraissent jamais inquiets. Ça s'améliore un peu actuellement, remarqueront-ils. Ou bien : Cet après-midi c'est l'artillerie. Autrefois je posais pas mal de questions sur ces explosions, mais je n'ai jamais obtenu de réponse. Rien de plus qu'un regard idiot ou un haussement d'épaules. J'ai fini par apprendre qu'il y a des choses qu'on ne demande pas, tout simplement, que même ici il y a des sujets dont personne n'a envie de discuter.

Pour ceux du bas de l'échelle, il y a les rues, les parcs et les anciennes stations de métro. Les rues, c'est le pire, car on y est exposé à tous les risques et à tous les désagréments. Les parcs sont un lieu un peu moins agité, à l'écart de la circulation et des gens qui passent en permanence ; mais à moins d'être un de ces privilégiés qui disposent d'une tente ou d'une cabane, on n'est jamais à l'abri des intempéries. On ne peut être certain d'y échapper que dans les stations de métro où, en revanche, on est obligé d'affronter une multitude d'autres contrariétés : l'humidité, les foules, ainsi que le bruit perpétuel de gens qui crient comme s'ils étaient hypnotisés par l'écho de leur voix.

Pendant les premières semaines, c'est la pluie que j'ai redoutée plus que tout. Même le froid est une broutille en comparaison. Contre lui, il suffit d'avoir un manteau bien chaud (c'était mon cas) et de se déplacer d'un pas alerte pour que le sang continue à circuler rapidement. J'ai aussi découvert les avantages qu'on pouvait tirer des journaux, car ils constituent certainement le meilleur et le moins cher des matériaux pour isoler les vêtements. Les jours de froid, il faut se lever très tôt pour être sûr d'être bien placé dans les queues qui se forment devant les kiosques. On doit évaluer judicieusement l'attente, car il n'y a rien de pire que de faire le pied de grue trop longtemps dans l'air glacé du matin. Si on estime qu'on va rester là plus de vingt ou vingt-cinq minutes, il vaut mieux, selon la sagesse commune, s'en aller et laisser tomber.

Une fois le journal acheté – en supposant qu'on ait réussi à s'en procurer un –, le mieux est de prendre une page et de la déchirer en bandes qu'on tord en petits faisceaux. Ces tortillons vont bien pour bourrer la pointe de la chaussure, ou pour colmater les interstices d'air autour de la cheville, et ils peuvent être passés dans les trous des vêtements. Pour les membres et le torse, la meilleure méthode consiste le plus souvent à envelopper des pages entières autour de plusieurs tortillons assez

Combattre le froid

lâches. Quant au cou, il est bien de prendre une douzaine desdits tortillons et de les tresser ensemble pour former une collerette. Le tout donne un air bouffi et rembourré, ce qui a l'avantage cosmétique de camoufler la minceur. Pour ceux qui se soucient de sauver les apparences, le "repas de papier" (c'est ainsi qu'on le nomme) est une technique permettant de ne pas perdre la face. Des personnes qui littéralement meurent de faim, avec des ventres rétrécis et des membres comme des allumettes, se promènent en essayant d'avoir l'air de peser cent ou cent cinquante kilos. Personne n'est jamais dupe de ce déguisement – on peut repérer ces gens à un kilomètre –, mais là n'est peut-être pas le fond de l'affaire. Car ils semblent dire qu'ils savent ce qui leur est arrivé et qu'ils en ont honte. Plus que toute autre chose, leur corps gonflé est un emblème de leur notion d'eux-mêmes, c'est une marque amère de leur conscience d'eux-mêmes. Ils se changent en caricatures grotesques de gens prospères et bien nourris, et, dans cette tentative avortée, à demi folle, de parvenir à la respectabilité, ils démontrent qu'ils sont exactement l'inverse de ce qu'ils prétendent être – et qu'ils le savent.

La pluie, en revanche, est invincible. Car lorsque tu te mouilles, tu continues à le payer pendant des heures, sinon des jours. Il n'y a pas de plus grande faute que de te faire prendre par une averse. Non seulement tu risques de t'enrhumer, mais tu dois endurer d'innombrables désagréments : tes vêtements saturés d'humidité, tes os comme gelés et le danger toujours présent de ruiner tes souliers. Comme la tâche la plus importante est de pouvoir rester sur ses pieds, imagine les conséquences d'avoir des chaussures défectueuses. Et rien n'agit plus désastreusement sur les chaussures qu'un bon trempage. Il peut s'ensuivre toutes sortes de problèmes : des ampoules, des cors, des oignons, des ongles incarnés, des plaies, des déformations – et lorsque la marche devient douloureuse, autant dire que tu es perdu. Un pas, puis un autre pas, puis encore un autre : telle est la règle d'or. Si tu ne peux même pas arriver à faire ça, alors autant te coucher tout de suite sur place et t'ordonner à toi-même de cesser de respirer.

Mais comment éviter la pluie si elle peut frapper à tout moment ? Il y a bien des fois, de nombreuses fois, où tu te trouves dehors, allant d'un endroit à un autre, en chemin et obligé d'y être, lorsque soudain le ciel s'assombrit, les nuages s'écrasent les uns contre les autres et te voilà trempé jusqu'aux os. Même si tu réussis à trouver un abri au moment de l'averse et ainsi à te sauver cette fois-ci, il te faudra encore faire preuve d'une extrême prudence quand la pluie cessera. Car alors tu devras faire attention aux flaques dans les ornières de la chaussée, aux mares qui surgissent parfois des crevasses, et même à la boue traîtresse qui suinte du sol et te monte jusqu'aux chevilles. Avec des rues dans un tel état de délabrement, avec tant de fissures, de trous, de boursouflures et de crevasses, on ne peut pas échapper à un incident de ce genre. Tôt ou tard, tu es sûr d'arriver à un endroit où tu seras coincé de tous côtés. Et il n'y a pas seulement les surfaces à surveiller, le monde sous tes pieds, il y a aussi les écoulements venant des hauteurs, l'eau qui glisse des avant-toits et, pire encore, les vents violents qui succèdent souvent aux ondées, les terribles tourbillons qui écument la surface des mares et des flaques, qui relancent l'eau dans l'atmosphère, la chassant devant eux comme de minuscules aiguilles, des fléchettes qui te piquent le visage et voltigent autour de toi, rendant toute visibilité impossible. Lorsque les vents soufflent après la pluie, les gens entrent en collision encore plus souvent, davantage de bagarres éclatent dans les rues, l'air lui-même semble chargé de menaces.

Ce serait autre chose si le temps pouvait être prévu avec un minimum de précision. Dans ce cas on pourrait élaborer des projets, savoir quand éviter les rues, se préparer à des changements. Mais tout se passe trop vite ici, les variations sont trop brusques, ce qui est vrai à un moment donné ne l'est plus une minute après. J'ai perdu beaucoup de temps à chercher des indices dans l'air, à essayer d'étudier l'atmosphère pour trouver quelque signe de ce qui allait suivre et quand : la couleur et la consistance des nuages, la vitesse et la direction du vent, les odeurs à telle ou telle heure, la texture du ciel nocturne, l'étalement des couchers de soleil, la quantité de rosée à l'aube. Mais rien ne m'a été d'aucune utilité. Etablir une corrélation entre ceci et cela, relier un nuage d'après-midi à une brise du soir, de telles choses ne mènent qu'à la folie. Tu pars en vrille dans le tourbillon de tes calculs, et, juste au moment où tu as la certitude qu'il pleuvra, le soleil continue à briller pendant une journée entière.

Ce qu'il te faut donc faire, c'est être prêt à toute éventualité. Mais les opinions divergent du tout au tout pour ce qui est de la meilleure façon de s'y prendre. C'est ainsi qu'une petite minorité croit que le mauvais temps provient des mauvaises pensées. Il s'agit là d'un abord assez mystique du problème, car il implique que des pensées puissent se traduire directement en événements du monde physique. Selon cette minorité, le fait d'avoir une idée sombre ou pessimiste produit un nuage dans le ciel. S'il y a suffisamment de gens qui nourrissent en même temps des pensées sinistres, la pluie se mettra à tomber. Telle est la raison de tous ces changements météorologiques si surprenants, affirment-ils, et c'est pourquoi personne n'a su donner d'explication scientifique à notre climat bizarre. Leur solution consiste à maintenir une inébranlable bonne humeur, si sombre que soit la situation autour d'eux. Pas de froncements de sourcils, pas de gros soupirs, pas de pleurs. On appelle ces gens les Tout-sourires et il n'y a pas dans la ville de secte plus innocente ni plus enfantine. Si une majorité de la population pouvait se convertir à leur croyance, ils sont persuadés que le temps commencerait enfin à se stabiliser et que la vie s'améliorerait. Aussi sont-ils toujours à essayer de convertir, à chercher en permanence de nouveaux fidèles, mais la douceur des manières qu'ils se sont imposées en fait des gens de faible persuasion. Ils réussissent rarement à gagner quelqu'un à leur doctrine, et par conséquent leurs idées n'ont jamais été mises à l'épreuve – car sans un grand nombre de croyants il n'y aura pas assez de bonnes pensées pour amener un changement. Mais ce manque de preuve ne les rend que plus obstinés dans leur foi. Je te vois déjà hocher la tête, eh oui, je suis d'accord avec toi que ce sont là des gens ridicules et égarés. Mais, dans le contexte quotidien de la ville, leur argument possède une certaine force et n'est probablement pas plus absurde qu'un autre. En tant que personnes, les Tout-sourires seraient d'une compagnie plutôt rafraîchissante, car leur gentillesse et leur optimisme constituent un antidote bienvenu contre l'amertume rageuse qu'on rencontre partout ailleurs.

A l'inverse, il existe un autre groupe qu'on appelle les Rampants. Ils croient que les conditions continueront à empirer jusqu'à ce que nous démontrions – d'une façon absolument convaincante – à quel point nous avons honte de notre ancienne manière de vivre. Leur solution consiste à se prostrer à terre et à refuser de se relever jusqu'à ce qu'un signe leur soit donné que leur pénitence a été jugée suffisante. Ce que doit être ce signe fait l'objet de longs débats théoriques. Certains parlent d'un mois de pluie, d'autres au contraire d'un mois de beau temps, et d'autres encore maintiennent qu'ils n'en sauront rien jusqu'à ce qu'ils en aient la révélation dans leur cœur. On trouve deux factions principales dans cette secte : les Chiens et les Serpents. Selon les premiers, le fait de ramper sur les mains et les genoux atteste un repentir adéquat, alors que selon les seconds rien ne saurait suffire à moins de ramper sur le ventre. Des combats sanglants éclatent souvent entre les deux clans – chacun voulant avoir la haute main sur l'autre – mais aucun des deux n'a acquis beaucoup de partisans et j'ai l'impression qu'à l'heure actuelle la secte est au bord de l'extinction.

En fin de compte, la plupart des gens n'ont pas d'opinion arrêtée sur ces questions. Si j'additionnais les divers groupes qui professent une théorie cohérente sur le climat (les Tambourineurs, les Fin-du-mondistes, les Libres Associationnistes) je serais étonnée qu'ils soient plus qu'une goutte d'eau dans un seau. A quoi tout cela se ramène principalement, me semble-t-il, c'est au hasard pur et simple. Le ciel est gouverné par le hasard, par des forces si complexes et si obscures que personne ne peut totalement les expliquer. S'il arrive que tu te mouilles sous la pluie, tu n'as pas eu de chance et c'est tout. S'il arrive que tu restes sec, eh bien tant mieux. Mais cela n'a rien à voir avec tes attitudes ou tes croyances. La pluie ne fait pas de discriminations. Une fois ou l'autre elle dégringole sur chacun de nous, et, lorsqu'elle tombe, chacun est égal à tous les autres – aucun n'est meilleur ou pire, tous sont égaux et pareils.

Il y a tant de choses que je voudrais te dire. Puis je commence et soudain je m'aperçois de la pauvreté de ma compréhension. Pour ce qui est des faits et des chiffres, s'entend, pour toute information précise sur notre façon de vivre dans cette ville. C'était la tâche que devait accomplir William. Le journal l'avait envoyé ici en reportage et il devait y avoir un compte rendu par semaine : l'arrière-plan historique, des articles sur la vie des gens, l'éventail complet. Mais nous n'avons pas reçu grand-chose, n'est-ce pas ? Quelques brèves dépêches, puis le silence. Si William n'a pas pu y arriver, je ne vois pas comment je peux m'attendre à faire mieux. Je n'ai aucune idée de la manière dont la ville se maintient, et même si je devais explorer ces choses-là, il me faudrait sans doute tellement de temps que toute la situation aurait changé pendant que je serais parvenue à mes découvertes. Où poussent les légumes, par exemple, et comment on les transporte en ville ? Je ne peux pas te donner la réponse, et je n'ai jamais rencontré quelqu'un qui le puisse. Les gens parlent de zones agricoles dans l'arrière-pays à l'ouest, mais il ne s'ensuit pas que cela soit vrai. Les gens parlent de n'importe quoi, ici, surtout de ce dont ils ne savent rien. Ce qui me paraît surprenant, ce n'est pas que tout se désagrège, mais que tant de choses continuent à exister. Il faut longtemps pour qu'un monde disparaisse, bien plus longtemps qu'on ne le suppose. Les vies continuent à être vécues et chacun d'entre nous reste le témoin de son propre petit drame. Il est vrai qu'il n'y a plus d'écoles ; il est vrai que le dernier film a été projeté voilà plus de cinq ans ; il est vrai que le vin est désormais si rare que seuls les riches peuvent se le payer. Mais est-ce là ce que nous entendons par vie ? Que tout s'évanouisse et voyons alors ce qu'il y a. Telle est peut-être la question la plus intéressante : voir ce qui se passe lorsqu'il n'y a rien, et savoir si nous serons capables d'y survivre.

Les conséquences peuvent en être assez bizarres, et elles vont souvent à rebours de ce qu'on attendait. Le désespoir le plus extrême peut coexister avec l'inventivité la plus éblouissante ; l'entropie et la floraison se mêlent. Il reste si peu de choses qu'on ne jette presque plus rien, et on a trouvé à utiliser des matériaux qui autrefois étaient traités avec mépris comme des détritus. Tout cela vient d'une nouvelle façon de penser. La pénurie plie l'esprit à des solutions novatrices, et l'on se découvre enclin à nourrir des pensées qu'on n'aurait jamais eues auparavant. Prends le cas des déchets humains, au sens littéral. La plomberie n'existe pratiquement plus. Les tuyaux ont été rongés par la corrosion, les latrines se sont fissurées et fuient, le réseau d'égouts est en grande partie détruit. Au lieu de laisser les gens se débrouiller et se débarrasser de leurs eaux sales de n'importe quelle façon – ce qui conduirait vite au chaos et à l'épidémie – on a mis au point un système complexe où chaque quartier est quadrillé par une patrouille d'éboueurs qui collectent les déchets de la nuit. Ils passent bruyamment dans les rues trois fois par jour, tirant et poussant leurs engins rouillés sur la chaussée crevassée, faisant tinter leurs cloches pour que les gens du voisinage sortent de chez eux et vident leurs seaux dans la cuve. L'odeur est évidemment insoutenable, et, au début de l'installation de ce système, seuls les détenus acceptaient d'y travailler, car on leur donnait le choix douteux, soit de purger une peine plus longue s'ils refusaient, soit de voir leur condamnation réduite s'ils consentaient. Les choses ont changé depuis lors, et les Fécaleux ont à présent un statut de fonctionnaires, étant même logés sur un pied égal avec la police. Ce n'est que justice, me semble-t-il. S'il n'y avait quelque avantage à retirer de ce travail, qui voudrait le faire et pourquoi ? Ce qui prouve surtout l'efficacité que peut avoir le gouvernement dans certaines circonstances. Les cadavres et la merde : quand il s'agit de se débarrasser de facteurs de maladie, notre administration a une organisation absolument digne de Rome, un vrai modèle de lucidité et d'efficacité.

Les choses ne s'arrêtent cependant pas là. Après que les Fécaleux ont recueilli les immondices, ils ne s'en débarrassent pas purement et simplement. La merde et les ordures sont devenues ici des ressources de première importance, et, avec la baisse des réserves de charbon et de pétrole jusqu'à des niveaux dangereusement bas, elles constituent une source importante de l'énergie que nous arrivons encore à produire. Chaque zone de recensement possède sa propre centrale d'énergie qui fonctionne entièrement à l'ordure. L'essence qui alimente les voitures, comme le fioul qui sert à chauffer les maisons, proviennent à cent pour cent du méthane produit dans ces usines. Cela peut te paraître drôle, j'en ai conscience, mais personne ici ne plaisante à ce sujet. La merde est une affaire sérieuse, et toute personne qui se fait prendre en train de la jeter dans les rues est arrêtée. A la deuxième infraction on est automatiquement condamné à mort. Un tel système tend à calmer l'envie de plaisanter. Tu te plies à ce qu'on exige de toi et bientôt tu n'y penses même plus.

L'essentiel est de survivre. Si tu as l'intention de durer, ici, tu dois avoir un moyen de gagner de l'argent, et pourtant il ne reste que peu de postes professionnels dans l'ancienne acception de ce mot. Sans appuis, il est impossible de postuler pour la moindre position officielle, si basse soit-elle (employé de bureau, portier, agent de Centre de transformation et ainsi de suite). Il en va de même pour les commerces légaux et illégaux au sein de la ville (les Cliniques d'euthanasie, les négoces alimentaires renégats, les propriétaires fantômes). Sauf si tu connais quelqu'un, il est inutile de chercher à travailler dans ces entreprises. Pour ceux qui sont au bas de l'échelle sociale, se faire charognard est la solution la plus répandue. C'est là le travail des sans-emploi, et j'estime qu'il y a bien dix à vingt pour cent de la population qui s'y livre. Je l'ai pratiqué moi-même quelque temps, et le constat est très simple : dès qu'on commence, il est presque impossible de s'arrêter. Ça exige tellement de toi qu'il ne te reste plus le temps d'envisager quoi que ce soit d'autre. Tous les charognards appartiennent à l'une de deux grandes classes : les ramasseurs d'ordures et les chasseurs d'objets. Le premier groupe est beaucoup plus vaste que le second, et si on travaille dur, si on tient le coup douze ou quatorze heures par jour, on a des chances réelles de gagner sa vie. Il y a maintenant bien des années que le système municipal d'enlèvement des ordures ne fonctionne plus. Au lieu de cela, un certain nombre d'entrepreneurs privés, des courtiers en ordures (il y en a un par zone de recensement) se partagent la ville. Ils ont acheté à l'administration municipale le droit de recueillir les détritus de leur aire géographique. Pour arriver à être employé comme ramasseur d'ordures, il te faut d'abord obtenir un permis délivré par un de ces courtiers – à qui tu dois verser une redevance mensuelle se montant parfois jusqu'à cinquante pour cent de tes gains. Il est tentant de travailler sans permis ; mais c'est aussi extrêmement dangereux : chaque courtier, en effet, possède sa propre équipe d'inspecteurs qui patrouillent les rues et contrôlent sur place toute personne en train de ramasser des ordures. Si tu ne peux pas montrer les papiers adéquats, les inspecteurs ont légalement le droit de t'infliger une amende, et, si tu ne peux pas la payer, tu es arrêté. Ce qui signifie être déporté dans l'un des camps de travail à l'ouest de la ville – et passer les sept années qui suivent en prison. Il y a des gens qui disent que la vie dans ces camps est meilleure qu'en ville, mais il ne s'agit là que de on-dit. Quelques les ramasseurs d'ordures

personnes sont même allées jusqu'à se faire arrêter exprès, mais nul ne les a jamais revues.

En admettant que tu sois un ramasseur de poubelles dûment enregistré et que tous tes papiers soient en règle, tu gagnes ta vie en recueillant le plus d'ordures possible et en les transportant à la centrale d'énergie la plus proche. Là on te paie tant par kilo – un taux ridiculement bas – et les immondices sont ensuite versées dans une des cuves de traitement. L'instrument le plus apprécié pour le transport des ordures est le chariot de supermarché – semblable à celui que nous connaissons chez nous. Ces paniers métalliques montés sur roues se sont révélés être des objets très solides et il n'est pas douteux qu'ils sont plus efficaces que tout autre moyen de transport. Un véhicule plus grand serait trop épuisant à pousser lorsqu'il serait totalement rempli, et un plus petit exigerait trop d'aller et retour jusqu'au dépôt. (Il y a quelques années, une brochure a même été publiée sur ce sujet, démontrant l'exactitude de ces hypothèses.) Par conséquent, ces chariots sont très demandés, et le premier objectif de chaque nouveau ramasseur d'ordures est d'arriver à s'en acheter un. Cela peut lui prendre des mois, parfois même des années – mais jusqu'à ce que tu aies un chariot, il est impossible de réussir. Il y a au fond de tout cela une équation terrible. Puisque le travail rapporte si peu, il est rarement possible de mettre quoi que ce soit de côté – et si tu y arrives, cela signifie le plus souvent que tu te prives de quelque chose d'essentiel : de nourriture, par exemple, sans laquelle tu n'auras pas la force de faire le travail requis pour gagner l'argent du chariot. Tu vois le problème. Plus tu travailles dur, plus tu t'affaiblis ; plus tu es faible, plus la besogne t'épuise. Mais ce n'est là que le début. Car même si tu te débrouilles à trouver un chariot, tu dois veiller à le garder en bon état. Les rues mettent l'équipement à terrible épreuve, et les roues en particulier doivent être l'objet de soins constants. Mais même si tu réussis à surmonter ces problèmes, il y a encore la nécessité de ne jamais perdre le chariot de vue. Ces véhicules sont devenus si prisés qu'ils sont particulièrement convoités par les voleurs – et il ne pourrait exister de pire calamité que de perdre ton chariot. La plupart des charognards font donc la dépense d'une sorte d'attachement connu sous le nom de "cordon ombilical" – ce qui signifie une corde, une laisse de chien ou une chaîne qu'on se passe littéralement autour de la taille et qu'on noue au chariot. Il devient alors plutôt malaisé de marcher, mais cela vaut la peine. A cause du bruit que font les chaînes lorsque le chariot se déplace en cahotant dans les rues, les charognards sont souvent désignés sous le nom de "musiciens".

Un chasseur d'objets doit se plier à la même procédure d'enregistrement qu'un ramasseur d'ordures, et il est sujet aux mêmes inspections surprise, mais son travail est différent. Le ramasseur d'ordures recherche les détritus ; le chasseur d'objets est en quête de choses à récupérer. Il essaie de se procurer des biens et des matériaux qui puissent être réutilisés, et bien qu'il soit libre de faire ce qui lui plaît des objets qu'il trouve, il les vend généralement à un des agents de Résurrection de la ville – des exploitants privés qui convertissent ce bric-à-brac en de nouvelles marchandises qui finissent par être vendues au marché libre. Ces agents remplissent des fonctions multiples : en partie chiffonniers, en partie fabricants, en partie boutiquiers. Et comme les autres modes de production ont à présent presque disparu de cette ville, ils se retrouvent parmi les gens les plus riches et les plus puissants, seuls les courtiers en ordures pouvant rivaliser avec eux. Un bon chasseur d'objets est donc en position de gagner correctement sa vie par son travail. Mais il doit être rapide, il doit être adroit, et il doit savoir où chercher. Les jeunes sont généralement les meilleurs, et il est rare de voir un chasseur d'objets qui ait plus de vingt ou vingt-cinq ans. Ceux qui ne sont pas à la hauteur doivent chercher rapidement un autre travail, car il n'y a aucune garantie qu'ils obtiennent quoi que ce soit en récompense de leurs efforts. Les ramasseurs d'ordures constituent un groupe plus âgé et plus rassis, satisfaits de trimer parce qu'ils savent que ça leur procurera de quoi vivre – du moins s'ils travaillent de toutes leurs forces. Mais rien n'est jamais vraiment sûr, parce que la compétition est devenue terrible à tous les niveaux de l'ébouage. Plus les choses se font rares dans la ville, plus les gens hésitent à jeter quoi que ce soit. Alors qu'auparavant on n'y aurait pas regardé à deux fois avant de laisser tomber une peau d'orange dans la rue, maintenant ces pelures sont moulues, réduites en bouillie, et bien des gens les mangent. Un T-shirt effiloché, un slip déchiré, un bord de chapeau – tous ces morceaux de tissu sont désormais mis de côté pour que bout à bout ils fassent un nouvel habit. On voit des gens vêtus de la façon la plus bigarrée et la plus bizarre, et chaque fois qu'une personne habillée de patchwork passe devant soi, on sait qu'elle a probablement mis au chômage un chasseur d'objets de plus.

Néanmoins, c'est l'activité que j'ai tentée – la chasse aux objets. J'ai eu la chance de commencer avant que mes fonds ne soient épuisés. Même après avoir acheté le permis (dix-sept glots), le chariot (soixante-six glots), une laisse et une nouvelle paire de chaussures (cinq glots et soixante et onze glots), il me restait encore plus de deux cents glots. C'était une bonne chose, car j'avais ainsi droit à une certaine marge d'erreur, et à ce moment-là j'avais besoin de tout ce qui pouvait m'aider. Tôt ou tard ce serait périr ou nager, mais j'avais alors quelque chose à quoi me raccrocher : un morceau de bois flottant, un bout d'épave pour soutenir mon poids.

Au début, ça n'a pas bien marché. La ville m'était nouvelle, en ce temps-là, et il me semblait toujours que j'étais perdue. Je gaspillais mon temps en incursions sans résultats, des coups de tête erronés m'envoyaient dans des rues stériles, au mauvais endroit et au mauvais moment. S'il m'arrivait de trouver quelque chose, c'était toujours parce que j'avais buté dessus accidentellement. Le hasard était mon seul procédé, l'acte purement gratuit de voir une chose de mes deux yeux et de me baisser pour la ramasser. Je n'avais pas de méthode comme les autres paraissaient en avoir, aucun moyen de savoir d'avance où aller, aucun sens de ce qui se trouverait où et à quel moment. Il faut avoir vécu des années dans la ville pour en arriver à ce point et je n'étais qu'une néophyte, une ignorante qui venait de débarquer et qui pouvait à peine trouver son chemin pour aller d'une zone de recensement à la suivante.

Pourtant, je n'ai pas complètement échoué. J'avais mes jambes, après tout, et un certain enthousiasme juvénile pour me soutenir même lorsque les perspectives étaient loin d'être encourageantes. Je me lançais en tous sens dans des courses à perdre haleine, évitant les déviations dangereuses et les barricades à péage, me balançant brusquement d'une rue à l'autre, ne cessant jamais d'espérer faire une trouvaille extraordinaire au prochain coin de rue. C'est une chose bizarre, me semble-t-il, d'avoir constamment le regard baissé vers le sol, d'être toujours à la recherche de choses brisées et mises au rebut. Après un moment, le cerveau doit certainement en être affecté. Car rien n'est plus vraiment soi-même. Il y a des bouts de ceci et des bouts de cela, mais rien ne constitue un ensemble. Et pourtant, très curieusement, à la limite de tout ce chaos, tout recommence à se fondre. Une pomme pulvérisée et une orange pulvérisée sont finalement la même chose, n'est-ce pas ? On ne peut différencier une bonne robe d'une mauvaise si elles sont toutes deux réduites en lambeaux, n'est-ce pas ? A un certain point, les choses se désintègrent en fange, ou en poussière, ou en débris, et ce qu'on obtient est quelque chose de neuf, une particule ou un conglomérat de matière qui ne peut être identifié. C'est une agglutination, un atome, un fragment du monde qui n'a pas de place : une nullité du monde des choses. En tant que chasseur d'objets, tu dois les sauver avant qu'ils n'atteignent cet état de décomposition absolue. Tu ne peux jamais t'attendre à trouver un objet entier – ce serait un accident, une erreur de la part de la personne qui l'a perdu – mais tu ne peux non plus perdre ton temps à rechercher ce qui est totalement usé. Tu balances quelque part entre les deux, à l'affût de choses qui gardent encore un semblant de leur forme originale – même si leur utilité s'est évanouie. Ce que quelqu'un d'autre a jugé bon de jeter, il te faut l'examiner, le disséquer et le ramener à la vie. Un bout de ficelle, une capsule de bouteille, une planchette intacte tirée d'un cageot défoncé – rien de cela ne saurait être négligé. Toutes les choses se désagrègent, mais pas toutes les parties de toutes les choses, du moins pas en même temps. La tâche consiste à prendre pour cible ces petits îlots d'intégrité, à les imaginer réunis à d'autres îlots semblables, puis encore à d'autres, et à créer ainsi de nouveaux archipels de matière. Tu dois sauver ce qui est récupérable et apprendre à négliger le reste. Le truc, c'est de le faire aussi vite que possible.

importance des objet trouver

Petit à petit mes prises sont devenues presque suffisantes. Du bric-à-brac, bien sûr, mais aussi quelques trouvailles totalement inattendues : un télescope repliable avec une lentille fendue ; un masque de Frankenstein en caoutchouc ; une roue de bicyclette ; une machine à écrire à caractères cyrilliques où ne manquaient que cinq touches et la barre d'espacement ; le passeport d'un dénommé Quinn. Ces trésors ont compensé quelques-uns des mauvais jours, et à mesure que le temps passait j'ai commencé à me débrouiller suffisamment bien avec les agents de Résurrection pour garder intact mon bas de laine. J'aurais pu mieux faire, me semble-t-il, mais je m'étais imposé certaines limites que je refusais de transgresser. Toucher les morts, par exemple. Dépouiller des cadavres est un des côtés les plus avantageux du métier de charognard, et il y a peu de chasseurs d'objets qui ne sautent sur l'occasion. Je n'arrêtais pas de me dire que j'étais une idiote, une petite fille de riches trop délicate qui ne voulait pas survivre, mais rien n'y a vraiment fait. J'ai essayé. Une ou deux fois, j'ai failli y aller – mais quand il s'est agi de passer à l'action je n'en ai pas eu le courage. Je me souviens d'un vieillard et d'une adolescente : je m'étais accroupie près d'eux, je laissais mes mains s'approcher de leurs corps et j'essayais de me persuader que ça n'avait pas d'importance. Puis, dans la Lampshade Street, un matin de bonne heure, un petit garçon d'environ six ans. Je ne pouvais absolument pas m'y résoudre. Ce n'était pas par quelque

charognard dépouille mort

Anna pas capable

fierté découlant d'une grande décision morale, c'était que je n'avais simplement pas en moi ce qu'il fallait pour aller si loin.

Une autre chose qui m'a porté tort a été mon isolement. Je ne me mêlais pas aux autres charognards, je ne faisais aucun effort pour gagner l'amitié de qui que ce soit. On a pourtant besoin d'alliés, surtout pour se protéger des Vautours – ces charognards qui vivent en volant d'autres charognards. Les inspecteurs ferment les yeux sur cette méchante pratique, portant toute leur attention sur ceux qui font de l'ébouage sans permis. Pour les charognards en règle, donc, ce travail est une jungle, avec des attaques et des contre-attaques permanentes, et le sentiment qu'il peut t'arriver n'importe quoi à tout moment. Mes prises m'étaient volées en moyenne une fois par semaine, à tel point que je me suis mise à calculer ces pertes d'avance comme si elles faisaient normalement partie du travail. Avec des amis j'aurais pu éviter certains de ces raids. Mais au bout du compte il ne m'a pas semblé que ça en valait la peine. Les charognards constituaient un groupe répugnant – autant les non-Vautours que les Vautours – et j'avais la nausée rien qu'à écouter leurs combines, leurs vantardises et leurs mensonges. L'important, c'est que je n'ai jamais perdu mon chariot. C'était pendant mes premiers temps dans la ville, j'étais encore assez forte pour bien le tenir, encore assez rapide pour bondir loin du danger quand il le fallait.

Charognards

Ne perds pas patience envers moi. Je sais qu'il m'arrive de m'écarter du sujet, mais si je n'écris pas les choses telles qu'elles se présentent à moi, j'ai l'impression que je les perdrai définitivement. Mon esprit n'est plus tout à fait ce qu'il était. Il est plus lent, pesant et moins alerte, et suivre très loin ne serait-ce que la plus simple des pensées m'épuise. C'est donc ainsi que ça commence, malgré mes efforts. Les mots ne me viennent que lorsque je crois ne plus pouvoir les trouver, au moment où je désespère de pouvoir jamais les reprononcer. Chaque jour apporte la même lutte, le même vide, le même désir d'oublier et puis de ne pas oublier. Quand ça commence, ce n'est jamais ailleurs qu'ici, jamais ailleurs qu'à cette frontière, que le crayon se met à écrire. L'histoire commence et s'arrête, avance et puis se perd, et, entre chaque mot, quels silences, quelles paroles s'échappent et s'évanouissent pour ne jamais reparaître.

Pendant longtemps je me suis efforcée de ne me souvenir de rien. En cantonnant mes pensées au présent, je pouvais mieux me débrouiller, mieux éviter les moments de cafard. La mémoire est le grand piège, vois-tu, et j'ai fait de mon mieux pour me retenir, pour m'assurer que mes pensées ne repartaient pas en douce vers le temps passé. Mais récemment j'ai commis des écarts, un peu plus nombreux chaque jour, semble-t-il, et il y a maintenant des moments où je ne peux plus me détacher : de mes parents, de William, de toi. J'étais une telle sauvageonne, n'est-ce pas ? J'ai grandi trop vite pour mon bien, et personne ne pouvait me dire quoi que ce soit sans que je réponde que je le savais déjà. A présent, je ne peux penser qu'à la manière dont j'ai blessé mes parents, et comment ma mère a pleuré lorsque je lui ai dit que je partais. Il ne suffisait pas qu'ils aient déjà perdu William, ils allaient me perdre aussi. S'il te plaît – si tu vois mes parents – dis-leur que je regrette. J'ai besoin de savoir que quelqu'un fera cela pour moi, et il n'y a personne sur qui compter à part toi.

Oui, il y a bien des choses dont j'ai honte. Parfois ma vie ne me paraît être rien d'autre qu'une succession de regrets, de mauvais tournants, d'erreurs irréversibles. C'est le problème, quand on commence à regarder en arrière. On se voit tel qu'on était, et on est horrifié. Mais il est trop tard pour s'excuser, maintenant, je m'en rends compte. Il est trop tard pour tout, sauf pour s'en accommoder. Tels sont donc les mots. Tôt ou tard j'essaierai de tout dire, et peu importe ce qui vient et à quel moment, si la première chose arrive en deuxième, ou la deuxième en dernier. Tout cela tourbillonne en même temps dans ma tête, et le simple fait de me tenir assez longtemps à une chose pour la dire représente une victoire. Si ce que je dis t'embrouille, je suis désolée. Mais je n'ai pas grand choix. Je dois prendre ça strictement comme je peux le faire venir.

Je n'ai jamais trouvé William, a-t-elle continué. Cela va peut-être sans dire. Je ne l'ai jamais trouvé, et

regret, famille lui manque, doit continuer

je n'ai jamais rencontré quelqu'un qui puisse me dire où il était. La raison me dit qu'il est mort, mais je ne peux pas en être certaine. Il n'y a aucun indice pour étayer même la plus extravagante des suppositions, et jusqu'à ce que j'aie quelque preuve, je préfère garder l'esprit ouvert. Sans connaissance, on ne peut ni espérer ni désespérer. Ce qu'on peut faire de mieux c'est de douter, et dans ces circonstances le doute est une grande bénédiction.

Même si William n'est pas dans la ville, il pourrait être ailleurs. Ce pays est énorme, vois-tu, et on ne saurait dire où il a pu se rendre. Au-delà de la zone agricole à l'ouest, il y a, paraît-il, des centaines de kilomètres de désert. Plus loin, cependant, on entend dire qu'existent d'autres villes, des chaînes de montagnes, des mines et des usines, de vastes territoires qui s'étendent jusqu'à un deuxième océan. Il y a peut-être du vrai dans cette rumeur. Dans ce cas, il est possible que William ait tenté sa chance dans un de ces endroits. Je n'oublie pas combien il est difficile de quitter la ville, mais nous savons tous deux comment était William. S'il existait la moindre possibilité de sortir, il l'aurait découverte.

Je ne te l'ai jamais raconté, mais à un moment donné, pendant ma dernière semaine chez nous, j'ai rencontré le rédacteur en chef du journal de William. Ce devait être trois ou quatre jours avant que je te dise au revoir, et j'ai évité de t'en parler parce que je ne voulais pas que nous nous disputions à nouveau. Les choses allaient déjà assez mal, et ça n'aurait fait que gâcher les derniers moments

Pas de signe de William
garde espoir

que nous passions ensemble. Ne sois pas fâché contre moi à présent, je t'en supplie. Je crois que je ne pourrais pas le supporter.

Ce rédacteur s'appelait Bogat – un homme chauve avec un gros ventre, des bretelles démodées et une montre dans son gousset. Il me rappelait mon grand-père : surmené, léchant le bout de ses crayons avant d'écrire, il émanait de lui un air de bienveillance distraite qui semblait mêlée de roublardise, une gentillesse qui masquait une pointe secrète de cruauté. J'ai attendu presque une heure à la réception. Lorsque, enfin, il a été prêt à me recevoir, il m'a conduite par le coude jusqu'à son bureau, m'a fait asseoir dans son fauteuil et a écouté mon histoire. J'ai bien parlé cinq ou dix minutes avant qu'il ne m'interrompe. William n'avait pas envoyé de dépêche depuis plus de neuf mois, a-t-il dit. Oui, il avait bien compris que les machines de cette ville étaient en panne, mais il ne s'agissait pas de cela. Un bon reporter réussit toujours à expédier son papier – et William avait été son meilleur journaliste. Un silence de neuf mois ne pouvait signifier qu'une chose : William avait eu des ennuis, et il ne reviendrait pas. Très directement, sans précautions oratoires. J'ai haussé les épaules et je lui ai répondu que ce n'étaient que des suppositions.

Ne faites pas ça, petite fille, a-t-il dit. Vous seriez folle d'aller là-bas.

Je ne suis pas une petite fille, ai-je répliqué. J'ai dix-neuf ans et je peux me débrouiller mieux que vous ne croyez.

Anna rencontre rédacteur de william (avant voyage)

Peu m'importe que vous ayez cent ans. Personne ne ressort de là-bas. C'est le bout de ce foutu monde.

Je savais qu'il avait raison. Mais j'avais pris ma décision et rien n'allait m'obliger à la modifier. Voyant mon obstination, Bogat a changé de tactique.

Ecoutez, a-t-il dit, j'ai envoyé quelqu'un d'autre là-bas, il y a environ un mois. Je devrais avoir bientôt de ses nouvelles. Pourquoi ne pas attendre jusque-là ? Vous pourriez avoir toutes vos réponses sans être obligée de partir.

Qu'est-ce que cela a à voir avec mon frère ?

William fait partie du tableau, lui aussi. Si ce reporter fait son boulot, il découvrira ce qui lui est arrivé.

Mais ça n'allait pas marcher, et Bogat le savait. Je suis restée sur mes positions, décidée à contrer son paternalisme suffisant, et petit à petit il a paru abandonner. Sans que je le demande, il m'a donné le nom de ce dernier reporter, puis, pour faire un ultime geste, il a ouvert le tiroir d'un classeur derrière son bureau et sorti la photo d'un jeune homme.

Vous devriez peut-être emporter cela avec vous, a-t-il dit en la jetant sur le bureau. Juste en cas.

C'était une photo du reporter. J'ai jeté un bref coup d'œil dessus puis je l'ai glissée dans mon sac pour ne pas être désobligeante. Notre conversation s'est arrêtée là. La rencontre se soldait par un match nul, aucun n'ayant cédé à l'autre. Je crois que Bogat était à la fois irrité et un peu impressionné.

N'oubliez pas que je vous ai prévenue, dit-il.

Photo d'un homme partie
à la recherche de William

Je n'oublierai pas, ai-je répondu. Lorsque j'aurai ramené William, je viendrai vous rappeler cette conversation.

Bogat était sur le point d'ajouter quelque chose, lorsqu'il a paru se raviser. Il a poussé un soupir, a fait claquer doucement la paume de ses mains contre le bureau et s'est levé. Ne vous méprenez pas, a-t-il dit. Je ne suis pas contre vous. Mais j'estime simplement que vous faites une erreur. Il y a une différence, voyez-vous.

Il y en a peut-être une. Mais il est quand même erroné de ne rien faire, et vous ne devriez pas tirer de conclusion hâtive avant de savoir ce que vous dites.

C'est là le problème, a répondu Bogat. Je sais parfaitement ce que je dis.

A ce moment-là, je crois que nous nous sommes serré la main, ou peut-être nous sommes-nous contentés de nous fixer du regard par-dessus le bureau. Puis il m'a accompagnée à travers la salle de presse jusqu'aux ascenseurs dans le couloir. Nous avons attendu là en silence sans même nous regarder. Bogat se balançait sur ses talons, fredonnant en sourdine sans aucune mélodie. Il était évident qu'il pensait déjà à autre chose. Lorsque les portes se sont ouvertes et que j'ai pénétré dans l'ascenseur, il m'a dit avec lassitude : Je vous souhaite une bonne vie, petite fille. Avant que j'aie pu lui répondre, les portes s'étaient refermées et j'étais en train de descendre.

fin de la rencontre avec le rédacteur

Finalement cette photo a tout changé. Je n'avais même pas l'intention de l'emporter avec moi, et puis je l'ai mise avec mes affaires dans mes bagages à la dernière minute, presque après coup. A ce moment-là, je ne savais évidemment pas que William avait disparu. Je m'attendais à trouver son remplaçant au bureau du journal et à commencer mes recherches à partir de là. Mais rien ne s'est déroulé comme prévu. Quand je suis parvenue dans la troisième zone de recensement et que j'ai vu ce qui lui était arrivé, j'ai compris que cette photo était soudain la seule chose qui me restait. C'était mon dernier lien avec William.

Cet homme s'appelait Samuel Farr ; hormis cela, je ne savais rien de lui. J'avais montré trop d'arrogance envers Bogat pour demander des détails, et maintenant je n'avais vraiment pas grand-chose pour aller de l'avant. Un nom et un visage, voilà tout. Si j'avais éprouvé le sentiment d'humilité qu'il convenait d'avoir, je me serais épargné bien des ennuis. En fin de compte, Sam et moi nous sommes rencontrés, mais je n'y étais pour rien. Ce fut l'œuvre du pur hasard, un de ces coups de chance qui tombent du ciel. Et il a fallu longtemps avant que ça arrive, bien plus longtemps qu'il ne me plairait de m'en souvenir.

Les premiers jours ont été les plus durs. J'errais comme une somnambule sans savoir où j'étais, sans même oser adresser la parole à qui que ce soit. A un moment donné, j'ai vendu mes bagages à un agent de Résurrection, ce qui m'a procuré de

rencontre Sam par hasard

arrogante avec le rédacteur

la nourriture pour un bon bout de temps, mais, même après m'être mise à travailler pour un charognard, je n'avais pas d'endroit où habiter. Je dormais dehors par tous les temps, cherchant tous les soirs un nouveau lieu où passer la nuit. Dieu sait combien a duré cette période, mais il n'y a aucun doute qu'elle a été la pire, celle qui, plus que toute autre, a failli avoir raison de moi. Au minimum deux ou trois semaines, mais peut-être jusqu'à plusieurs mois. J'étais si malheureuse qu'il me semblait que mon esprit cessait de fonctionner. M'engourdissant intérieurement, je n'étais plus qu'instinct et égoïsme. Des choses horribles me sont arrivées à cette époque, et je ne sais toujours pas comment j'ai réussi à leur survivre. J'ai presque été violée par un Péagiste à l'angle de Dictionary Place et de Muldoon Boulevard. J'ai volé de la nourriture à un homme âgé qui avait voulu me détrousser un soir dans la cour d'entrée du vieux Théâtre des Hypnotiseurs – je lui ai arraché sa bouillie des mains sans en éprouver le moindre regret. Je n'avais pas d'amis, je n'avais personne à qui parler ou avec qui partager un repas. S'il n'y avait pas eu la photo de Sam, je crois que j'aurais coulé. Mais le simple fait de savoir qu'il était dans cette ville me donnait un espoir. C'est l'homme qui t'aidera, me disais-je toujours, et dès que tu l'auras trouvé tout sera différent. J'ai bien dû sortir la photo de ma poche cent fois par jour. Au bout de quelque temps elle était tellement plissée et froissée que le visage en était presque effacé. Mais

temps difficile pour anna et péripécie

à ce stade je la connaissais par cœur, et l'image elle-même n'avait plus d'importance. Je la gardais comme une amulette, un bouclier infime pour me préserver du désespoir.

Puis ma chance a tourné. Ce devait être un mois ou deux après que j'avais commencé à travailler comme chasseur d'objets – bien qu'il ne s'agisse là que d'une estimation. Un jour, je longeais les abords de la cinquième zone de recensement, près de l'emplacement où se trouvait jadis Filament Square, lorsque j'ai vu une femme de haute taille et d'âge mûr qui poussait un chariot de supermarché sur des cailloux avec une démarche lente, maladroite et heurtée. Manifestement, ses pensées étaient ailleurs. Le soleil brillait fort ce jour-là – le genre de soleil qui éblouit et rend les choses invisibles –, et l'air était chaud, je m'en souviens, très chaud, presque jusqu'à l'étourdissement. Juste au moment où la femme a réussi à placer son chariot au milieu de la chaussée, une bande de Coureurs est arrivée en fonçant au coin de la rue. Ils étaient une douzaine ou une quinzaine, et ils fonçaient à corps perdu, en rangs serrés, poussant leur vrombissement de mort d'un ton d'extase. J'ai vu la femme lever les yeux vers eux comme si elle était arrachée en sursaut à sa rêverie, mais au lieu de se précipiter hors d'atteinte elle est restée pétrifiée sur place, debout comme une biche désorientée prise au piège des phares d'une voiture. Pour une raison que même aujourd'hui je ne connais pas, j'ai dégrafé de ma taille le cordon ombilical et j'ai

femme qui a presque été heurté par des Coureur, sauvé par anna couru, ceinturant la femme de mes deux bras et la traînant hors de la route une ou deux secondes avant le passage des Coureurs. Si je ne l'avais pas fait, elle aurait sans doute été piétinée à mort.

C'est ainsi que j'ai rencontré Isabelle. Pour le meilleur ou pour le pire, ma véritable vie dans la ville a commencé à cet instant. Tout le reste n'avait été qu'un prologue, une multitude de pas chancelants, de jours et de nuits, de pensées dont je ne me souviens pas. S'il n'y avait pas eu ce moment de déraison dans la rue, l'histoire que je te raconte ne serait pas celle-ci. Etant donné l'état dans lequel je me trouvais alors, il serait étonnant qu'il y ait même eu une histoire.

Nous étions par terre dans la rigole, pantelantes, nous tenant encore l'une à l'autre. Lorsque le dernier des Coureurs a disparu à l'angle, Isabelle a paru comprendre peu à peu ce qui lui était arrivé. Elle s'est assise, a jeté des regards tout autour, puis sur moi, et alors, très lentement, elle s'est mise à pleurer. Ce moment a constitué pour elle une prise de conscience terrible. Non parce qu'elle avait été si près de se faire tuer, mais parce qu'elle n'avait pas su où elle était. Je ressentais de la pitié pour elle, mais aussi un peu de peur. Qui était cette femme mince et tremblante avec son long visage et ses yeux enfoncés – et qu'est-ce que je faisais étalée près d'elle dans la rue ? Elle paraissait à moitié démente, et, lorsque j'ai repris souffle, mon premier mouvement a été de m'éloigner. “Oh, ma chère enfant”, a-t-elle dit en essayant de me toucher

Isabelle sous le choque
après que Anna l'ai sauver

le visage. “Oh, ma chère et gentille petite enfant, tu t’es coupée. Tu as bondi pour aider une vieille femme et c’est toi qui as été blessée. Sais-tu pourquoi ? Parce que je porte la guigne. Tout le monde le sait, mais on n’a pas le courage de me le dire. Mais je le sais. Je sais tout, même si personne ne me le dit.”

Je m’étais éraflée sur une des pierres en tombant, et du sang coulait goutte à goutte de ma tempe gauche. Ce n’était pourtant rien de grave, il n’y avait pas de quoi s’alarmer. J’étais sur le point de dire au revoir et de m’en aller, lorsque j’ai éprouvé un léger serrement de cœur en la quittant. Peut-être devrais-je la raccompagner chez elle, me suis-je dit, pour m’assurer qu’il ne lui arrive rien d’autre. Je l’ai aidée à se relever, et je suis allée chercher le chariot de l’autre côté du square.

Ferdinand va être en rage contre moi, a-t-elle dit. C’est le troisième jour de suite que je rentre bredouille. Quelques jours de plus comme ça et c’est terminé pour nous.

Il me semble que vous feriez bien de rentrer quand même, ai-je dit. Au moins un moment. Vous n’êtes pas pour l’instant en état de vous promener avec ce chariot.

Mais Ferdinand. Il va être fou quand il verra que je n’ai rien.

Ne vous en faites pas, ai-je dit. Je lui expliquerai ce qui s’est passé.

Je n’avais évidemment aucune idée de ce que j’avançais, mais quelque chose s’était emparé de

Anna prend soin de la femme et la raccompagne

moi que je ne pouvais maîtriser : une bouffée soudaine de pitié, un besoin idiot de prendre soin de cette femme. Il se peut que les vieilles histoires sur une vie qu'on sauve soient vraies. Quand ça se produit, selon elles, tu deviens responsable de celui que tu as sauvé, et, que ça te plaise ou non, vous vous appartenez mutuellement pour toujours.

Il nous a fallu près de trois heures pour revenir chez elle. Normalement ça nous aurait pris la moitié de ce temps-là, mais Isabelle se déplaçait si lentement, avançait à pas si hésitants, que le soleil se couchait déjà lorsque nous sommes arrivées. Elle ne portait pas de cordon ombilical (elle l'avait perdu quelques jours auparavant, disait-elle), et de temps à autre le chariot lui glissait des mains et partait en bondissant dans la rue. A un moment donné quelqu'un le lui a presque arraché. Après quoi j'ai décidé de garder une main sur son chariot et l'autre sur le mien, ce qui a encore ralenti notre progression. Nous avons suivi les bords de la sixième zone de recensement en nous écartant des grappes de barricades à péage de Memory Avenue, puis nous nous sommes traînées à travers le Secteur des Bureaux de Pyramid Road où la police a maintenant sa caserne. A sa manière décousue et assez incohérente, Isabelle m'a raconté pas mal de choses sur sa vie. Son mari était autrefois un peintre d'enseignes commerciales, a-t-elle dit, mais avec toutes ces entreprises qui fermaient ou qui ne pouvaient plus faire face aux frais, Ferdinand était sans emploi depuis plusieurs années. Pendant quelque

Anna raccompagne Isabelle dans un long voyage et parle vie Isabelle temps il s'était mis à boire – volant de l'argent la nuit dans le porte-monnaie d'Isabelle pour payer ses beuveries, ou bien rôdant autour de la distillerie de la quatrième zone de recensement en tapant les ouvriers de quelques glots pour danser devant eux et leur raconter des blagues – jusqu'à ce qu'un jour il soit roué de coups par un groupe d'individus, et à partir de là il n'était plus jamais ressorti. A présent il refusait de bouger, restant jour après jour dans leur petit appartement, disant rarement quoi que ce soit et ne montrant aucun intérêt pour leur survie. Pour les choses pratiques il s'en remettait à Isabelle, car il ne considérait plus de tels détails comme dignes de ses préoccupations. La seule chose dont il se souciait à présent, c'était son passe-temps : sculpter des vaisseaux miniatures et les mettre dans des bouteilles.

"Ils sont si beaux, a dit Isabelle, qu'on voudrait presque lui pardonner sa façon d'être. Des petits bateaux si beaux, si parfaits et minuscules. Ils vous donnent envie de vous rapetisser jusqu'à être de la taille d'une épingle, de monter à bord et puis de partir au large…

"Ferdinand est un artiste, a-t-elle poursuivi, et même autrefois il avait ses humeurs, il était du genre imprévisible. En forme une minute, déprimé la suivante, avec toujours quelque chose pour l'envoyer d'un côté ou de l'autre. Mais tu aurais dû voir les enseignes qu'il peignait. Tout le monde voulait employer Ferdinand, et il a travaillé pour toutes sortes de boutiques. Pharmacies, épiceries,

Isabelle raconte comment est Ferdinant

débits de tabac, joailleries, tavernes, librairies, tout. A cette époque il avait son propre atelier, en ville, en plein dans la zone des entrepôts, un petit endroit adorable. Mais tout cela a disparu, à présent : les scies, les pinceaux, les seaux de peinture, les odeurs de sciure et de vernis. Tout a été balayé pendant la deuxième purge de la huitième zone de recensement, et ça s'est terminé là."

Je ne comprenais pas la moitié de ce que disait Isabelle. Mais en lisant entre les lignes et en essayant de combler les lacunes moi-même, j'ai déduit qu'elle avait trois ou quatre enfants qui étaient tous, soit morts, soit partis de chez elle. Lorsque Ferdinand eut perdu son affaire, Isabelle se fit charognarde. On se serait attendu à ce qu'une femme de son âge s'inscrive comme ramasseur d'ordures, mais curieusement elle avait choisi d'être chasseur d'objets. Ce qui m'a frappée comme le pire des choix possible. Elle n'était pas rapide, elle n'était pas astucieuse, et elle n'avait pas une grande énergie physique. Oui, a-t-elle déclaré, elle s'en rendait bien compte, mais elle avait compensé ses manques par d'autres qualités – un flair bizarre pour savoir où aller, un instinct pour renifler des objets dans des lieux négligés, une boussole intérieure qui semblait d'une certaine façon l'attirer vers le bon endroit. Elle-même n'était pas capable d'expliquer la chose, mais elle avait incontestablement fait quelques découvertes sensationnelles : un sac entier de sous-vêtements en dentelle dont elle et Ferdinand avaient réussi à vivre pendant

Isabelle charognard et chasseur objet et qualité et défaut

presque un mois, un saxophone parfaitement intact, un carton encore fermé rempli de ceintures de cuir absolument neuves (elles paraissaient sortir tout droit de l'usine bien que le dernier fabricant de ceintures eût fermé plus de cinq ans auparavant), et un Ancien Testament imprimé sur papier de Chine, doré sur tranche et relié en cuir de veau. Mais il y avait déjà quelque temps de cela, ajoutait-elle, et depuis six mois elle perdait la main. Elle était usée, trop fatiguée pour rester debout très longtemps, et son esprit vagabondait sans cesse loin de son travail. Presque tous les jours elle se découvrait en train de longer une rue qu'elle ne reconnaissait pas, ou tournant à un angle sans se rappeler d'où elle venait, ou pénétrant dans un quartier en croyant être ailleurs. "Que tu te sois trouvée là était un miracle", a-t-elle dit alors que nous nous étions arrêtées dans une entrée d'immeuble. "Mais ce n'était pas un accident. J'ai prié Dieu si longtemps qu'il m'a enfin envoyé quelqu'un pour me secourir. Je sais qu'on ne parle plus de Dieu, mais je ne peux pas m'en empêcher. Je pense à lui tous les jours, je lui adresse mes prières la nuit lorsque Ferdinand dort, je lui parle dans mon cœur tout le temps. Puisque Ferdinand ne me parle plus, Dieu est mon seul ami, le seul qui m'écoute. Je sais qu'il a beaucoup à faire et qu'il n'a pas de temps pour une vieille femme comme moi, mais Dieu est un gentleman et je figure sur sa liste. Aujourd'hui, enfin, il m'a rendu visite. Il t'a envoyée à moi en témoignage de son amour. Tu es la chère et douce enfant que Dieu m'a envoyée, et désormais je prendrai soin de toi, je ferai tout ce que je peux pour toi. Plus de nuits à dormir dehors, plus d'errances dans les rues du matin au soir, plus de mauvais rêves. Tout cela est maintenant terminé, je te le promets. Tant que je serai en vie, tu auras un endroit où vivre et peu m'importe ce qu'en dit Ferdinand. Désormais il y aura un toit sur ta tête et de quoi manger. C'est de cette façon que je vais remercier Dieu pour ce qu'il a fait. Il a répondu à mes prières, et maintenant tu es ma chère et douce enfant, mon Anna chérie qui m'est venue de Dieu."

Leur maison se trouvait dans Circus Lane, enfouie dans un enchevêtrement de petites allées et de chemins de terre qui serpentaient au cœur de la deuxième zone de recensement. C'était la partie la plus ancienne de la ville, je n'y avais été que deux ou trois fois auparavant. Il n'y avait pas grand-chose à grappiller dans ce quartier, pour les charognards, et j'avais toujours éprouvé quelque inquiétude de me perdre dans le dédale de ses ruelles. La plupart des maisons étaient construites en bois, ce qui provoquait un certain nombre d'effets curieux. Au lieu de briques rongées et de pierres effritées, avec leurs entassements déchiquetés et leurs restes poussiéreux, les choses qu'on voyait ici semblaient pencher et pendre, ployer sous leur propre poids, se tordre pour pénétrer lentement dans le sol. Alors que les autres bâtiments s'écaillaient en lambeaux, ceux-ci se ratatinaient comme des vieillards qui auraient perdu leurs forces, comme des arthritiques qui ne pourraient plus se lever. Un grand nombre de toits s'étaient affaissés, les bardeaux avaient pourri pour ressembler à des éponges, et çà et là on pouvait voir des maisons entières pencher dans deux directions opposées, posées précairement comme des parallélogrammes géants – si près de succomber qu'un doigt posé sur elles, un léger souffle de respiration suffiraient à les abattre avec fracas.

Le bâtiment où vivait Isabelle était en revanche fait de briques. Il avait six étages de quatre petits appartements chacun, une cage d'escalier obscure avec des marches usées et branlantes, et de la peinture qui pelait sur les murs. Les fourmis et les cafards s'y déplaçaient sans être inquiétés et le tout puait la nourriture aigre, le linge non lavé et la poussière. Mais la maison elle-même paraissait relativement solide et je n'avais pour unique pensée que de bénir ma chance. Remarque à quelle vitesse les choses changent pour nous. Si quelqu'un m'avait dit, avant que j'arrive là, que c'était l'endroit où j'aboutirais, je ne l'aurais pas cru. Mais maintenant je me sentais comblée, comme si une grande faveur m'avait été accordée. La crasse et le confort sont après tout des termes relatifs. Trois ou quatre mois, à peine, après mon arrivée dans la ville j'étais disposée à accepter ce nouveau chez-moi sans le moindre frisson.

Ferdinand n'a guère fait de bruit lorsque Isabelle a annoncé que j'emménageais avec eux. Je crois que tactiquement elle s'y est bien prise. Elle ne lui a pas

Anna aménage chez Isabelle

demandé sa permission, elle l'a simplement informé du fait qu'à présent ils étaient trois à vivre ici au lieu de deux. Comme Ferdinand avait abandonné depuis longtemps à sa femme toutes les décisions pratiques, il lui aurait été difficile d'affirmer son autorité en ce domaine sans admettre tacitement qu'il devrait assumer davantage de responsabilités en d'autres. Isabelle n'y a pas non plus mêlé la question de Dieu comme elle l'avait fait avec moi. Elle a relaté les faits avec une expression absolument neutre, lui racontant comment je l'avais sauvée, ajoutant le lieu et l'heure, mais sans fioritures ni commentaires.

Ferdinand l'a écoutée en silence, faisant semblant de ne pas être attentif, me lançant de temps à autre un coup d'œil furtif, mais se contentant la plupart du temps de regarder du côté de la fenêtre comme si tout cela ne le concernait pas. Lorsque Isabelle s'est arrêtée, il a paru peser un moment les choses, puis il a eu un haussement d'épaules. Pour la première fois, il m'a regardée en face et il a dit : "Dommage que vous ayez pris tant de peine. Ce vieux sac d'os serait bien mieux mort." Puis, sans attendre ma réponse, il s'est éloigné vers sa chaise dans un angle de la pièce et s'est remis à travailler sur son minuscule modèle réduit de bateau.

Ferdinand n'était pourtant pas aussi mauvais que je l'aurais cru, du moins pas au début. C'était certes une présence sans coopération, mais aussi sans cette méchanceté manifeste à laquelle je m'étais attendue. Si ses accès de mauvaise humeur s'exprimaient en éclats brefs et hargneux, la plupart du

ferdinand méchant et aprend l'arriver de anna

temps il ne disait rien, refusant obstinément de parler à quiconque, remuant de sombres pensées dans son coin comme une créature aberrante et maligne. Ferdinand était un homme laid, et rien en lui ne faisait oublier sa laideur – pas de charme, pas de générosité, pas de grâce salvatrice. Il était d'une maigreur squelettique, voûté, avec un grand nez crochu et un crâne à demi chauve. Les quelques cheveux qui lui restaient étaient crêpelés et désordonnés, se dressant furieusement en tous sens, tandis que sa peau avait une lividité maladive – une blancheur sinistre qui paraissait d'autant plus forte qu'elle contrastait avec les poils noirs qui lui poussaient partout : sur les bras, les jambes et la poitrine. Perpétuellement mal rasé, vêtu de guenilles, sans jamais de chaussures aux pieds, il ressemblait à une caricature de bohémien des plages. C'était presque comme si son obsession des bateaux l'avait conduit à jouer le rôle d'un homme abandonné sur une île déserte. Ou bien c'était l'inverse. Déjà échoué, il s'était peut-être mis à faire des bateaux en signe de détresse intérieure – comme un secret appel à l'aide. Mais cela ne signifiait pas que l'appel aurait une réponse. Ferdinand n'irait plus jamais nulle part et il le savait. Un jour où il était d'humeur un peu plus aimable, il m'a avoué qu'il n'avait pas mis le pied hors de l'appartement depuis plus de quatre ans. “Dehors il n'y a que la mort”, a-t-il dit en faisant des gestes vers la fenêtre. “Il y a des requins dans ces eaux, et des baleines qui peuvent t'avaler tout rond. Accroche-toi au rivage, tel est mon conseil,

Description de Ferdinand et supposition d'anna sur lui.

accroche-toi au rivage et envoie autant de signaux de fumée que tu peux."

Isabelle n'avait pourtant pas exagéré les talents de Ferdinand. Ses bateaux constituaient de remarquables petits spécimens de construction, réalisés avec une habileté stupéfiante, conçus et assemblés avec ingéniosité, et tant qu'on lui fournissait suffisamment de matériaux – des bouts de bois et de papier, de la colle, de la ficelle et une bouteille à l'occasion –, il était trop absorbé par son travail pour être une source d'ennuis dans la maison. J'ai appris que la meilleure façon de s'entendre avec lui était de faire comme s'il n'était pas là. Au début, j'ai déployé de grands efforts pour prouver mes intentions pacifiques, mais Ferdinand était tellement pris dans ses conflits, tellement dégoûté de lui-même et du monde, qu'il n'en est rien sorti de bon. Des paroles gentilles ne voulaient rien dire, pour lui, et la plupart du temps il les retournait en menaces. C'est ainsi qu'une fois j'ai commis la faute d'admirer ses bateaux à haute voix et de suggérer qu'ils iraient chercher pas mal d'argent s'il avait un jour envie de les vendre. Mais Ferdinand était indigné. Il s'est levé en sautant de sa chaise et s'est mis à tituber autour de la pièce en me brandissant son canif au visage. "Vendre ma flotte ! criait-il. Tu es folle ? Il faudra me tuer d'abord. Je ne me séparerai pas d'un seul vaisseau – jamais ! C'est une mutinerie, voilà ce que c'est. Une insurrection ! Un mot de plus et tu passes à la planche !"

Ferdinand pas gentil et aime pas Anna et vendra jamais ces bateau

Sa seule autre passion semblait être de capturer les souris qui vivaient dans les murs de la maison. Nous pouvions les entendre la nuit courir à toute allure et grignoter n'importe quel petit reste qu'elles avaient trouvé. Il leur arrivait de faire un tel boucan que notre sommeil en était troublé, mais c'étaient des souris astucieuses qui ne se laissaient pas attraper facilement. Ferdinand avait bricolé un petit piège avec du grillage métallique et du bois, et chaque nuit il le garnissait consciencieusement d'un bout d'appât. Le piège ne tuait pas les souris. Lorsqu'elles entraient pour prendre la nourriture, la porte se refermait et elles étaient emprisonnées dans la cage. Cela ne réussissait qu'une ou deux fois par mois, mais les matins où Ferdinand se réveillait et découvrait une souris prisonnière il devenait presque fou de bonheur – il sautillait autour de la cage en battant des mains, avec des bouffées de rire qui lui sortaient du nez comme un reniflement bruyant. Il prenait la souris par la queue, puis, avec une grande application, la faisait rôtir sur les flammes du fourneau. C'était une chose horrible à voir, cette souris qui se tordait et qui piaulait avec l'énergie du désespoir, mais Ferdinand restait sans réagir, entièrement absorbé par ce qu'il faisait, ricanant et marmonnant entre ses dents quelque chose sur les plaisirs de la viande. "Petit déjeuner de gala pour le capitaine", lançait-il lorsqu'il avait fini de flamber sa bestiole et puis, crunch, crunch, en bavant, un rictus démoniaque sur le visage, il dévorait la créature avec les poils

Ferdinand attrape des souris pour les manger et cela est rare de les attraper et tout, recrachant soigneusement les os tout en mastiquant. Il mettait ces derniers à sécher sur le rebord de la fenêtre dans l'intention de les employer pour un de ses bateaux – d'en faire des mâts, des hampes ou des harpons. Je me souviens qu'une fois il a détaché les côtes d'une souris et s'en est servi comme rames pour une galère. Une autre fois il a utilisé un crâne de souris comme figure de proue pour une goélette de pirates. Je dois avouer que c'était un beau petit bout de travail, même si je ne pouvais pas le regarder sans être dégoûtée.

Les jours de beau temps, Ferdinand plaçait sa chaise devant la fenêtre ouverte, posait son oreiller sur le rebord et restait là assis pendant des heures, penché vers l'avant, son menton dans ses mains, regardant la rue en bas. Il était impossible de savoir ce qu'il pensait, puisqu'il n'articulait jamais une parole, mais de temps à autre, peut-être une heure ou deux après avoir fini son guet, il se mettait à déblatérer d'un ton féroce, vomissant des torrents de sornettes agressives. "Tous à la moulinette, crachait-il. A la moulinette, et on éparpillera leurs poussières. Des porcs, jusqu'au dernier ! Il faut me faire dégringoler, mon saligaud au beau plumage, tu ne m'auras jamais ici. Bisque rage je suis à l'abri là où je suis." C'était un non-sens après l'autre qu'il déversait comme un poison accumulé dans son sang. Il délirait et s'emportait ainsi pendant quinze ou vingt minutes, puis soudain, sans préavis, il retombait dans son silence comme si sa tempête intérieure s'était tout à coup calmée.

ferdinand explose de rage intérieurement quand il fini de regarder dehors

Pendant les mois que j'ai passés là, les bateaux de Ferdinand ont progressivement rapetissé. Après les bouteilles de whisky et de bière, il est passé aux flacons de sirop contre la toux et aux éprouvettes, puis aux fioles vides de parfum jusqu'à ce qu'à la fin il construise des vaisseaux de taille presque microscopique. Un tel labeur m'était inimaginable, et pourtant Ferdinand semblait ne jamais s'en lasser. Et plus le navire était petit, plus il s'y attachait. Une ou deux fois, alors que je m'étais réveillée le matin un peu plus tôt que d'habitude, j'ai réellement vu Ferdinand, assis près de la fenêtre, tenir un bateau en l'air : il s'en amusait comme un enfant de six ans, le poussant en faisant un bruit de glissement sur l'eau, le guidant sur un océan imaginaire et murmurant tout seul avec des voix diverses comme s'il jouait les rôles d'un jeu qu'il avait inventé. Pauvre Ferdinand, pauvre imbécile. "Plus c'est petit, mieux c'est", m'a-t-il déclaré un soir, se vantant de ses talents d'artiste. "Un jour, je ferai un vaisseau si minuscule que personne ne pourra le voir. Alors tu sauras à qui tu as affaire, mon petit clodo si malin. Un vaisseau si minuscule que personne ne pourra le voir. On écrira un livre sur moi, tellement je serai célèbre. Alors tu verras de quoi il retourne, ma petite salope vicelarde. Tu n'auras pas la moindre idée de ce qui te tombe dessus. Ha, ha ! Pas la moindre idée !"

Ferdinand fait des bâteau plus petit et joue avec comme un enfant, il pense devenir célèbre

Nous vivions dans une pièce de taille moyenne, environ cinq mètres sur six. Il y avait un évier, un petit poêle de campagne, une table, deux chaises – plus tard il en est arrivé une troisième – et un pot de chambre dans un coin, séparé du reste de la pièce par un drap tout mince. Ferdinand et Isabelle dormaient à l'écart l'un de l'autre, chacun dans un angle, tandis que j'occupais le troisième. Il n'y avait pas de lits, mais, avec une couverture pliée sous moi pour matelasser le plancher, je n'étais pas mal à l'aise. En comparaison des mois que j'avais passés à la belle étoile, c'était même très confortable.

Ma présence facilitait les choses pour Isabelle, et pendant quelque temps elle a paru récupérer un peu de sa force. Jusque-là elle avait fait tout le travail elle-même – chercher des objets dans les rues, se rendre chez les agents de Résurrection, faire les courses au marché municipal, préparer le repas du soir à la maison, vider les eaux sales le matin – et maintenant il y avait au moins quelqu'un pour partager le fardeau. Pendant les premières semaines, nous avons tout fait ensemble. Rétrospectivement, je dirais que ces jours-là ont été les meilleurs que nous ayons connus : toutes les deux dans les rues avant le lever du soleil, vadrouillant dans les aurores tranquilles, les allées désertes, les larges boulevards tout autour. C'était au printemps, la dernière moitié d'avril, me semble-t-il, et le temps était d'une clémence trompeuse, si doux qu'on avait l'impression qu'il ne pleuvrait jamais plus, que le froid et le vent avaient disparu pour toujours. Nous

Isabelle et anna s'en tire mieux à deux que tout seul. Le temps semblait meilleur ne prenions qu'un chariot, laissant l'autre à la maison, et je le poussais lentement, progressant au rythme d'Isabelle, attendant qu'elle se repère et qu'elle évalue les perspectives alentour. Tout ce qu'elle avait dit sur elle-même était vrai. Elle possédait un don extraordinaire pour ce genre de travail, et même dans l'état affaibli où elle se trouvait, aucun des chasseurs que j'avais observés n'était meilleur qu'elle. J'avais parfois l'impression que c'était un démon, une parfaite sorcière qui trouvait tout par enchantement. Je lui demandais constamment comment elle s'y prenait, mais elle n'était jamais en mesure d'en dire grand-chose. Elle faisait une pause, réfléchissait sérieusement pendant quelque temps, puis se contentait d'un commentaire général sur la capacité de tenir bon sans perdre espoir – mais en termes si vagues qu'il ne m'était d'aucune aide. Ce que j'ai fini par tirer d'elle, je l'ai appris en regardant, pas en écoutant, et je l'ai intégré par une sorte d'osmose, de la même façon qu'on apprend une nouvelle langue. Nous partions à l'aveuglette, déambulant plus ou moins au hasard jusqu'à ce qu'Isabelle ait une intuition de l'endroit où nous ferions bien de chercher, et alors je trottinais jusqu'au lieu désigné, laissant Isabelle sur place pour protéger le chariot. Si on tient compte de tout ce qui manquait dans les rues à cette époque, nos prises étaient fort bonnes, en tout cas suffisantes pour nous permettre de tenir, et il n'y a aucun doute que nous avons bien travaillé ensemble. Au demeurant, nous ne parlions pas beaucoup dehors.

C'était un risque contre lequel Isabelle m'avait mise en garde à de nombreuses reprises. Ne pense jamais à rien, disait-elle. Contente-toi de te fondre dans la rue et fais comme si ton corps n'existait pas. Pas de rêveries ; pas de tristesse ni de gaieté ; rien que la rue, rien que du vide à l'intérieur en te concentrant seulement sur le pas que tu vas faire. De tous les conseils qu'elle m'a donnés, c'est l'unique chose que j'aie jamais comprise.

Même avec mon aide, cependant, et le nombre important de kilomètres qui lui était épargné chaque jour, Isabelle a vu ses forces lui manquer. Petit à petit, il lui est devenu plus difficile de se débrouiller dehors, de supporter les longues heures passées debout, et un matin, inévitablement, elle n'a plus été capable de se lever. Les douleurs dans ses jambes étaient trop fortes, et je suis sortie toute seule. A partir de ce jour-là, j'ai accompli tout le travail moi-même.

Tels sont les faits, et, un par un, je te les livre. Je me suis chargée des tâches quotidiennes de la maisonnée. C'est moi qui ai pris les commandes et qui ai tout assumé. Je suis sûre que cela te fera rire. Tu te souviens comment c'était chez moi : la cuisinière, la bonne, le linge frais et plié tous les vendredis dans les tiroirs de ma commode. Je n'ai jamais eu à lever le petit doigt. Le monde entier m'arrivait sur un plateau et je ne me posais pas la moindre question : leçons de piano, cours de peinture, étés à la campagne au bord du lac, voyages à l'étranger avec mes amis. Maintenant j'étais devenue une bête

Isabelle ne peut pu supporter le travail

anna le fais seul et compare avec son ancienne vie

de somme, le seul soutien de deux personnes que, dans ma vie antérieure, je n'aurais même jamais rencontrées. Isabelle, avec son extravagante pureté et sa bonté, Ferdinand à la dérive dans ses colères folles et grossières. Tout cela était si étrange, si peu probable. Mais le fait était qu'Isabelle avait aussi sûrement sauvé ma vie que moi la sienne, et il ne m'est jamais venu à l'esprit de ne pas faire tout ce que je pouvais. De la petite fille abandonnée qu'ils avaient recueillie dans la rue, j'étais devenue la mesure exacte de ce qui les séparait de leur ruine totale. Sans moi, ils n'auraient pas tenu dix jours. Ce n'est pas pour me vanter de ce que j'ai fait, mais, pour la première fois de ma vie, il y avait des gens qui dépendaient de moi et je ne les ai pas laissés tomber.

Au début, Isabelle a continué à soutenir qu'elle allait bien et qu'elle ne souffrait de rien que quelques jours de repos ne sauraient guérir. “Je serai debout en un rien de temps”, me disait-elle lorsque je partais le matin. “Ce n'est qu'un problème passager.” Mais cette illusion a vite été balayée. Les semaines ont passé sans que son état progresse. Vers le milieu du printemps, il nous est clairement apparu à toutes les deux qu'elle n'allait pas guérir. Le coup le plus dur est venu quand j'ai dû vendre son chariot et son permis de charognard à un commerçant du marché noir, dans la quatrième zone de recensement. C'était la confirmation absolue de sa maladie,

Isabelle est malade et ne va surement pas guérir

mais nous ne pouvions pas faire autrement. Le chariot restait à la maison jour après jour, sans aucune utilité pour quiconque, et nous avions alors terriblement besoin de cet argent. Conformément à son caractère, c'est Isabelle elle-même qui a fini par suggérer que je franchisse le pas et que je vende, mais cela ne veut pas dire que ce n'était pas dur pour elle.

Ensuite, notre relation a changé quelque peu. Nous n'étions plus des partenaires à part égale, et, comme elle se sentait très coupable de me mettre sur le dos tout ce travail supplémentaire, elle est devenue extrêmement protectrice à mon égard, presque hystérique dès qu'il s'agissait de mon bien-être. Peu de temps après que j'ai commencé à charogner toute seule, elle a lancé une offensive pour modifier mon apparence. J'étais, disait-elle, trop jolie pour être tous les jours en contact avec les rues, et il fallait y faire quelque chose. "Je ne peux tout simplement pas supporter de te voir partir comme ça chaque matin, a-t-elle expliqué. Il arrive tout le temps des choses horribles à des jeunes filles, des choses si horribles que je ne peux même pas en parler. Oh, Anna, ma chère petite enfant, si je te perdais à présent je ne me le pardonnerais jamais, j'en mourrais sur-le-champ. Il n'y a plus de place pour la vanité, mon ange – il te faut abandonner tout cela." Isabelle parlait avec tant de conviction qu'elle s'était mise à pleurer, et j'ai compris qu'il valait mieux aller dans son sens que commencer une dispute. A vrai dire, j'étais tout

Isabelle tien beaucoup à anna et

elle ne veut pas que anna sont toute jolie

à fait bouleversée. Mais j'avais déjà vu certaines de ces choses dont elle ne pouvait parler, et je n'avais presque rien à ajouter pour la contredire. Ce sont mes cheveux qui sont partis en premier, et ça n'a pas été une partie de plaisir. J'ai fait tout mon possible pour ne pas éclater en sanglots tandis qu'Isabelle y allait de ses ciseaux, m'exhortant au courage alors qu'elle n'arrêtait pas de trembler, toujours sur le point de lancer en larmoyant quelques sombres paroles de tristesse maternelle, ce qui rendait les choses encore plus difficiles. Bien entendu, Ferdinand était aussi là, assis dans son coin, les bras croisés, observant la scène avec un détachement cruel. Il riait lorsque mes cheveux tombaient par terre ; quand ils ont continué à joncher le sol, il a déclaré que je commençais à ressembler à une gouine, et comme c'était drôle qu'Isabelle me fasse ça alors que justement elle avait maintenant le con aussi sec qu'un morceau de bois. “Ne l'écoute pas, mon ange, m'a murmuré Isabelle à l'oreille, ne fais pas attention à ce que dit ce monstre.” Mais il était difficile de ne pas l'écouter, difficile de ne pas être affectée par son rire malveillant. Lorsque Isabelle est enfin arrivée au bout, elle m'a tendu un petit miroir et m'a demandé de regarder. Les premiers moments ont été effrayants. J'étais si laide que je ne me reconnaissais plus moi-même. C'était comme si j'avais été transformée en quelqu'un d'autre. Que m'est-il arrivé ? me suis-je demandé. Où suis-je ? Puis, à cet instant, Ferdinand a encore éclaté de rire, une

Isa coupe cheveux anna et Ferdinand se moque

véritable gorgée de rancœur, et là j'ai débordé. J'ai lancé le miroir à travers la pièce. Il a manqué de peu son visage, frôlant son épaule avant de s'écraser contre le mur et de retomber au sol en fragments. Pendant quelques secondes Ferdinand est resté bouche bée, comme s'il n'arrivait pas à croire ce que j'avais fait, puis il s'est tourné vers Isabelle, tout tremblant de colère, complètement hors de lui, et il a dit : "Tu as vu ça ? Elle a voulu me tuer ! Cette salope a voulu me tuer !" Mais Isabelle n'était pas près de compatir, et quelques minutes plus tard il a fini par se taire. Dès lors, il n'a jamais plus rien dit là-dessus, n'a jamais plus mentionné mes cheveux.

J'ai fini par m'y faire. C'était l'idée de la chose qui m'embêtait, mais au fond je ne crois pas que ça m'enlaidissait tant. Isabelle, après tout, ne voulait pas me donner l'air d'un garçon – pas de déguisement, pas de fausses moustaches – mais souhaitait seulement rendre moins apparents mes côtés féminins, mes protubérances, comme elle les appelait. Je n'ai jamais eu grand-chose d'un garçon manqué, et ce n'était pas maintenant que j'aurais pu me faire passer pour quelqu'un comme ça. Tu te souviens de mes rouges à lèvres, de mes boucles d'oreilles provocantes, de mes jupes étroites et de mes ourlets serrés. J'ai toujours aimé m'habiller et jouer les vamps, même quand nous étions enfants. Ce que voulait Isabelle, c'était que j'attire l'attention le moins possible, que je sois certaine que les regards ne se retourneraient pas

anna se fâche contre ferdinand et parle de son nouveau look et ancien sur moi à mon passage. Une fois mes cheveux partis, elle m'a donné une casquette, une veste large, des pantalons de laine et une paire de souliers appropriés – qu'elle avait récemment achetés pour elle-même. Ces chaussures avaient une pointure de trop, mais une paire de chaussettes supplémentaire a paru suffisante pour éliminer le risque d'ampoules. Maintenant que mon corps était enveloppé dans ce costume, mes seins et mes hanches étaient assez bien cachés, ce qui ne laissait vraiment pas grand-chose pour aiguiser le désir des gens. Il aurait fallu une grande imagination pour voir ce qu'il y avait vraiment là-dessous, et s'il y a une chose en quantité limitée dans cette ville, c'est bien l'imagination.

C'est ainsi que je vivais. Levée et partie de bonne heure, de longues journées dans les rues, puis, le soir, de retour à la maison. J'étais trop occupée pour penser, trop épuisée pour me distancier de moi-même et regarder vers l'avenir, et chaque soir après le souper je ne souhaitais rien d'autre que de m'effondrer dans mon coin et dormir. Malheureusement, l'incident du miroir avait provoqué un changement chez Ferdinand, et la tension qui était montée entre nous devenait presque intolérable. A quoi s'ajoutait le fait qu'il devait à présent passer ses journées à la maison en compagnie d'Isabelle – ce qui le privait de sa liberté et de sa solitude. Dès que j'étais là, je devenais donc le centre de son attention. Je ne parle pas seulement de ses grognements, ni des petites vannes qu'il m'envoyait en permanence sur la quantité d'argent que je gagnais

le look est une bonne astuce et tension entre Ferdinand et anna ou sur la nourriture que je rapportais à la maison pour nos repas. Non, c'était là tout ce à quoi on pouvait s'attendre de sa part. Le mal était encore plus pernicieux, plus destructeur par la rage qui le sous-tendait. J'étais soudain devenue le seul exutoire de Ferdinand, sa seule possibilité d'échapper à Isabelle, et comme il me méprisait, comme ma seule présence était pour lui une torture, il s'ingéniait à me rendre les choses les plus difficiles possible. Littéralement, il me sabotait la vie, me harcelant à toute occasion, me lançant des milliers de petites attaques que je n'avais pas le moyen de parer. J'ai pressenti très tôt où tout cela menait, mais rien ne m'avait jamais préparée à ce genre de situation, et je ne savais pas comment me défendre.

Tu me connais parfaitement. Tu sais ce dont mon corps a besoin et ce dont il n'a pas besoin, quelles tempêtes et quels appétits se dissimulent en lui. De telles choses ne disparaissent pas, même dans un endroit comme celui-ci. Certes, on trouve ici moins d'occasions de se laisser aller à ses pensées, et lorsqu'on marche dans les rues on doit s'envelopper jusqu'à la moelle et se débarrasser l'esprit de toute digression érotique – mais pourtant, il y a des moments où on est seul, au lit la nuit, par exemple, quand le monde qui nous entoure est tout noir, et il devient difficile de ne pas s'imaginer dans certaines situations. Je ne vais pas nier à quel point je me suis sentie seule dans mon coin. De telles choses peuvent te rendre folle, parfois. Tu ressens une douleur en toi, une douleur horrible, vociférante, et si tu n'y fais

ferdinand attaque anna avec commentaire

et anna se sent + seul

rien elle ne connaîtra jamais de fin. Dieu est témoin que j'ai essayé de me maîtriser, mais il y a eu des moments où je n'en pouvais plus, des moments où j'ai cru que mon cœur allait exploser. Je fermais les yeux et je m'ordonnais de dormir, mais mon cerveau était dans une telle agitation, déversant des images de la journée que je venais de vivre, me narguant avec un tohu-bohu de rues et de corps et, les insultes de Ferdinand toutes fraîches dans mon esprit s'ajoutant au chaos, le sommeil ne venait tout simplement pas. La seule chose qui paraissait avoir quelque effet était la masturbation. Pardonne-moi d'être si crue, mais je ne vois pas la raison de mâcher les mots. C'est une solution assez ordinaire pour nous tous, et dans ces circonstances je n'avais guère le choix. Presque sans m'en rendre compte, je me mettais à toucher mon corps, faisant comme si mes mains étaient celles d'un autre – passant les paumes doucement sur mon ventre, caressant l'intérieur de mes cuisses, parfois même agrippant mes fesses et travaillant la chair avec les doigts, comme si j'étais deux et que nous fussions dans les bras l'un de l'autre. Je savais bien qu'il ne s'agissait que d'un petit jeu triste, mais mon corps répondait néanmoins à ces ruses, et par la suite je sentais un épanchement d'humidité s'installer en bas. Le majeur de ma main droite faisait le reste, et lorsque c'était fini, une langueur me gagnait les os, pesant sur mes paupières jusqu'à ce qu'enfin je sombre dans le sommeil.

Tout cela est bel et bon, peut-être. Le problème était que dans des conditions de logement aussi

anny pase beaucoup plus capable de dormir car trop déborder dans sa tête et donc elle se masturbe exiguës, le moindre son était dangereux et que certains soirs j'ai dû me laisser aller, j'ai dû laisser échapper un soupir ou un gémissement au moment crucial. J'en parle parce que j'ai vite su que Ferdinand m'avait écoutée, et qu'avec un esprit sordide comme le sien il ne lui a pas fallu longtemps pour découvrir ce que je trafiquais. Petit à petit ses insultes ont pris un tour plus sexuel – un tir nourri d'insinuations et de vilaines plaisanteries. Un instant il me traitait de petite pute à l'esprit sale, puis l'instant suivant il déclarait qu'aucun homme ne voudrait jamais toucher un monstre frigide tel que moi – chaque affirmation contredisant les autres, me bombardant de tous côtés, sans relâche. C'était une histoire minable de bout en bout, et je savais qu'elle finirait mal pour nous tous. Une graine avait été placée dans le cerveau de Ferdinand, et il n'y avait aucun moyen de l'extraire. Il rassemblait ses forces, se préparant à l'action, et chaque jour je le voyais plus audacieux, plus affirmé, plus engagé dans son projet. J'avais déjà fait cette mauvaise rencontre avec le Péagiste du Muldoon Boulevard, mais c'était en plein air et j'avais été en mesure de m'enfuir. Maintenant c'était une autre histoire. L'appartement était trop petit, et s'il s'y passait quelque chose je serais coincée. A moins de ne plus jamais m'endormir, je n'avais aucune idée de ce qu'il fallait faire.

C'était l'été, je ne me souviens plus du mois. Je me rappelle la chaleur, les longues journées à faire bouillir le sang, les nuits sans air. Le soleil se couchait,

ferdinand attaque et insulte anna sur propos sexuel et anna peur de ferdinand (agression possible) mais l'atmosphère torride nous pesait encore dessus, alourdie de toutes ses senteurs irrespirables. C'est pendant l'une de ces nuits que Ferdinand s'est enfin décidé – traversant lentement la pièce à quatre pattes, centimètre par centimètre, se dirigeant vers mon lit d'un mouvement furtif et stupide. Pour des raisons que je ne connais toujours pas, ma terreur s'est entièrement apaisée au moment même où il m'a touchée. J'étais allongée dans l'obscurité, faisant semblant de dormir, sans savoir si j'allais essayer de me battre contre lui ou simplement de hurler aussi fort que possible. A présent il m'était soudain apparu clairement que je ne ferais ni l'un ni l'autre. Ferdinand a posé sa main sur mon sein et il a émis un petit ricanement intérieur, un de ces bruits abjects et suffisants qui ne peuvent venir que de personnes en réalité déjà mortes, et à cet instant j'ai su précisément ce que j'allais faire. Ce savoir avait en lui une profondeur de certitude que je n'avais encore jamais connue. Je ne me suis pas débattue, je n'ai pas hurlé, je n'ai réagi avec aucune partie de moi que je puisse reconnaître comme mienne. Rien ne semblait plus avoir d'importance. C'est-à-dire rien du tout. Il y avait en moi cette certitude, et elle détruisait tout le reste. A l'instant où Ferdinand m'a touchée, j'ai su que j'allais le tuer, et cette certitude était si forte, si irrésistible, que j'ai presque voulu m'arrêter pour le lui dire, juste pour qu'il puisse comprendre ce que je pensais de lui et pourquoi il méritait la mort.

ferdinand touche le sein de anna pdt nuit
et anna a envie de le tuer

Il a fait glisser son corps plus près du mien, s'étendant au bord de ma paillasse, et il a commencé à me frotter le cou de sa face rugueuse, me murmurant qu'il avait raison depuis le début, que oui, il allait me baiser et que oui, j'allais adorer ça de bout en bout. Son haleine sentait le bœuf séché et les navets que nous avions mangés au dîner, et nous étions tous deux des boules de sueur, nos corps entièrement recouverts de transpiration. L'air de cette pièce était suffocant, absolument immobile, et chaque fois que Ferdinand me touchait je sentais l'eau salée me glisser sur la peau. Je n'ai rien fait pour l'arrêter, je suis restée là, inerte et impassible, sans articuler une parole. Au bout d'un moment il a commencé à s'oublier, je pouvais m'en rendre compte, je le sentais qui me tripatouillait le corps, puis, lorsqu'il a commencé à me grimper dessus, j'ai mis mes doigts autour de son cou. J'y suis d'abord allée doucement, faisant semblant de jouer avec lui, comme si j'avais fini par succomber à ses charmes, ses irrésistibles appas, et c'est pourquoi il n'a rien soupçonné. Puis je me suis mise à serrer, et un petit bruit aigu, comme derrière un bâillon, lui est sorti de la gorge. Dès ce premier instant où j'ai commencé à presser, j'ai éprouvé un bonheur immense, l'émergence incontrôlable d'une sensation d'extase. C'était comme si j'avais franchi un seuil intérieur, et tout d'un coup le monde est devenu autre, un endroit d'une simplicité inimaginable. J'ai fermé les yeux, et alors c'était comme si je volais dans l'espace vide, comme si je me déplaçais dans une immense nuit d'obscurité et d'étoiles. Tant que je tenais la gorge de Ferdinand, j'étais libre. J'étais au-delà de l'attraction terrestre, au-delà de la nuit, au-delà de toute pensée de moi-même.

C'est alors qu'est arrivée la chose la plus bizarre. Au moment même où il m'est clairement apparu que tout serait fini en gardant la pression encore quelques instants, j'ai lâché prise. Ça n'avait rien à voir avec de la faiblesse, rien à voir avec de la pitié. Mon étreinte autour de la gorge de Ferdinand avait la force d'un étau d'acier, et jamais il n'aurait réussi à la desserrer en se débattant ou en donnant des coups de pied. Ce qui s'est passé, c'est que j'ai soudain pris conscience du plaisir que j'éprouvais. Je ne sais comment décrire les choses autrement, mais juste à la fin, tandis que j'étais allongée sur le dos dans cette obscurité suffocante, en train de presser la vie hors du corps de Ferdinand, j'ai compris que je ne le tuais pas en état de légitime défense – je le tuais par pur plaisir. Conscience horrible, horrible, conscience horrible. J'ai lâché la gorge de Ferdinand et je l'ai repoussé loin de moi aussi violemment que j'ai pu. Je ne ressentais rien que du dégoût, rien que de la révolte et de l'amertume. Le fait d'avoir arrêté n'avait presque pas d'importance. Ce n'était qu'une affaire de quelques secondes de plus ou de moins, mais à présent je comprenais que je ne valais pas mieux que Ferdinand, pas mieux que n'importe qui d'autre.

Plaisir d'anna est de tuer ferdinand et a trouver sa horrible donc elle l'a repousser

Un râle épouvantable et sifflant est sorti des bronches de Ferdinand, un son inhumain et misérable semblable à un braiment d'âne. Il se tortillait sur le sol, les mains agrippées à son cou et la poitrine soulevée de spasmes frénétiques, avalant l'air désespérément, crachotant, toussant, avec des haut-le-cœur qui semblaient lui vomir la catastrophe sur tout le corps.

"Maintenant tu comprends, lui ai-je dit, maintenant tu sais à quoi tu t'attaques. La prochaine fois que tu essaies quelque chose de ce genre, je ne serai pas aussi magnanime."

Je n'ai même pas attendu qu'il se soit complètement remis. Il allait vivre, et c'était suffisant, plus que suffisant. J'ai enfilé mes vêtements à toute vitesse et j'ai quitté l'appartement, descendant les escaliers et sortant dans la nuit. Tout s'était passé si vite. Du début à la fin, je me suis aperçue que le tout n'avait duré que quelques minutes. Et Isabelle avait continué à dormir. C'était en soi un miracle. J'étais arrivée à un doigt de tuer son mari, et Isabelle n'avait même pas bougé dans son lit.

Anna prévient Ferdinand et l'a presque tué

J'ai erré sans but pendant deux ou trois heures, puis je suis retournée à l'appartement. On approchait des quatre heures du matin, et Ferdinand et Isabelle dormaient chacun dans son coin habituel. Je me suis dit que j'avais jusqu'à six heures avant le début de la folie : Ferdinand tempêtant dans la pièce, battant des bras, l'écume aux lèvres, m'accusant d'un crime après l'autre. Il était impossible que cela n'eût pas lieu. Ma seule incertitude concernait la réaction d'Isabelle. Mon instinct me prédisait qu'elle se rangerait de mon côté, mais je ne pouvais pas en être sûre. On ne sait jamais quelles fidélités émergent au moment critique, quels conflits peuvent se mettre à bouillonner quand on s'y attend le moins. J'ai essayé de me préparer au pire – en sachant que si les choses tournaient à mon désavantage je serais à la rue le jour même.

Isabelle s'est réveillée la première, selon son habitude. Ce n'était pas une chose facile pour elle, car c'était généralement le matin que ses douleurs aux jambes étaient les plus vives, et il lui fallait souvent de vingt à trente minutes avant qu'elle trouve le courage de se lever. Ce matin-là s'est avéré particulièrement éprouvant pour elle, et tandis qu'elle travaillait lentement à rassembler ses forces et ses esprits, je me suis occupée dans l'appartement à ma manière habituelle, essayant d'agir comme si rien ne s'était passé : j'ai fait bouillir de l'eau, j'ai coupé du pain, mis le couvert – bref, je me suis tenue à la routine normale. La plupart du temps, le matin, Ferdinand continuait à dormir tant qu'il le pouvait, ne bougeant que rarement avant de sentir l'odeur du porridge sur le poêle. En cet instant, aucune de nous deux ne faisait attention à lui. Il avait le visage tourné vers le mur, et, selon toutes les apparences, il ne faisait que s'accrocher au sommeil avec un peu plus d'obstination que d'habitude. Compte tenu de ce qu'il avait subi pendant la nuit, ça semblait plutôt logique et je n'y ai pas autrement réfléchi.

anna peur de réaction d'Isa

mais au matin la même routine pour tous

A la fin, pourtant, son silence est devenu manifeste. Isabelle et moi avions toutes les deux fini nos préparatifs, et nous étions prêtes à nous asseoir pour prendre notre petit déjeuner. D'habitude, l'une de nous aurait déjà tiré Ferdinand de son sommeil, mais ce matin-là nous n'avons dit un mot ni l'une ni l'autre. Une hésitation bizarre semblait flotter dans l'air, et après un moment j'ai commencé à sentir que nous évitions volontairement le sujet, que chacune de nous avait décidé de laisser l'autre parler la première. J'avais mes propres raisons de me taire, certes, mais le comportement d'Isabelle était sans précédent. Il en émanait quelque chose de mystérieusement étrange, un soupçon de bravade et d'énervement, comme si un décalage imperceptible s'était opéré en elle. Je ne savais qu'en déduire. Peut-être m'étais-je trompée au sujet de la nuit passée. Peut-être s'était-elle réveillée ; peut-être avait-elle eu les yeux ouverts et avait-elle vu toute cette sale affaire.

Tu vas bien, Isabelle ? ai-je demandé.

Bien sûr, ma chère. Bien sûr, je vais bien, a-t-elle dit en me lançant un de ses sourires angéliques un peu idiots.

Tu ne penses pas que nous devrions réveiller Ferdinand ? Tu sais comment il est lorsqu'on commence sans lui. Nous ne voulons pas qu'il ait l'impression qu'on lui vole sa part.

Non, sans doute ne voulons-nous pas cela, a-t-elle répondu en laissant échapper un petit soupir. Il y a seulement que je me délectais de ce petit moment en ta compagnie. Il est si rare que nous soyons seules, désormais. Il y a quelque chose de magique dans le silence d'une maison, n'est-ce pas ton avis ?

Oui, Isabelle. Mais je crois aussi qu'il est l'heure de réveiller Ferdinand.

Si tu insistes. J'essayais seulement de retarder l'heure des comptes. La vie peut être si magnifique, après tout, même en des temps comme ceux-ci. Dommage que certaines personnes n'aient en tête que de la gâcher.

Je n'ai fait aucune réponse à ces remarques énigmatiques. Il était évident que quelque chose n'allait pas, et je commençais à soupçonner de quoi il s'agissait. Je suis allée jusqu'au coin de Ferdinand, je me suis accroupie près de lui et j'ai posé ma main sur son épaule. Rien. J'ai secoué l'épaule, et lorsque Ferdinand encore une fois n'a pas bougé, je l'ai fait basculer sur le dos. Pendant une ou deux secondes je n'ai rien vu du tout. Il n'y avait qu'une impression, un tumulte pressant de sensations qui me traversaient en trombe. Cet homme est mort, me suis-je dit. Ferdinand est un homme mort, et je le regarde de mes deux yeux. C'est seulement à ce moment-là, après avoir prononcé ces mots en moi-même, que j'ai réellement vu l'état de son visage : ses yeux exorbités, sa langue qui sortait de sa bouche, les caillots de sang séché autour de ses narines. Il n'était pas possible que Ferdinand fût mort, ai-je pensé. Il était vivant lorsque j'ai quitté l'appartement, et mes mains n'auraient pu d'aucune manière

Ferdinand est peut-être mort

selon anna

faire cela. J'ai essayé de lui fermer la bouche, mais ses mâchoires étaient déjà raidies et je n'ai pas pu les bouger. Il aurait fallu briser les os du visage, et je n'en avais pas la force.

Isabelle, ai-je dit d'un ton calme. Il faudrait que tu viennes par ici.

Quelque chose qui ne va pas ? a-t-elle demandé. Sa voix ne trahissait rien, et je ne pouvais dire si elle savait ce que j'allais lui montrer ou pas.

Viens ici et regarde de tes propres yeux.

Avec cette démarche traînante qu'elle avait été obligée de prendre récemment, Isabelle a traversé la pièce en se soutenant de sa chaise. Arrivée au coin de Ferdinand, elle a accompli une manœuvre pour se rasseoir sur son siège, fait une courte pause pour reprendre haleine, puis elle a baissé les yeux vers le cadavre. Pendant plusieurs instants, elle s'est contentée de le fixer, complètement détachée, ne montrant absolument aucune émotion. Puis, tout à coup, sans le moindre geste ni le moindre bruit, elle s'est mise à pleurer – presque inconsciemment, semblait-il, avec des larmes qui débordaient de ses yeux et ruisselaient sur ses joues. C'est ainsi que les petits enfants pleurent parfois – sans sanglots ni hoquets : l'eau coule régulièrement de deux robinets identiques.

Je ne crois pas que Ferdinand se réveillera jamais, a-t-elle dit, les yeux encore braqués sur le corps. On aurait cru qu'elle était incapable de regarder ailleurs, que ses yeux resteraient rivés là pour toujours.

Qu'est-il arrivé, selon toi ?

Ferdinand mort Isa pleure

Dieu seul le sait, ma chère. Je n'oserais même pas hasarder une hypothèse.

Il a dû mourir en dormant.

Oui, cela me paraît assez sensé. Il a dû mourir en dormant.

Comment te sens-tu, Isabelle ?

Je ne sais pas. C'est trop tôt pour le dire. Mais en cet instant, il me semble que je suis heureuse. Je sais que c'est horrible à dire, mais il me semble que je suis très heureuse.

Ce n'est pas horrible. Tu mérites un peu de paix, autant que n'importe qui.

Non, ma chère, c'est horrible. Mais je n'y peux rien. J'espère que Dieu me pardonnera. J'espère qu'il trouvera en son cœur ce qu'il faut pour ne pas me punir de ce que je ressens à présent.

Isabelle a passé le reste de la matinée à s'affairer autour du corps de Ferdinand. Elle ne voulait pas que je l'aide, et pendant plusieurs heures je suis restée dans mon coin à la regarder. Il était évidemment absurde d'habiller Ferdinand, mais Isabelle refusait qu'il en fût autrement. Elle voulait qu'il ressemblât à l'homme qu'il avait été bien des années plus tôt, avant d'être détruit par la colère et la pitié de soi.

Elle l'a lavé à l'eau et au savon, elle lui a rasé le visage, coupé les ongles, puis elle lui a mis le costume bleu qu'il avait porté autrefois dans les grandes occasions. Pendant plusieurs années, elle avait gardé ce costume caché sous une planche désajustée du plancher, car elle avait peur que Ferdinand ne la force à le vendre s'il l'avait découvert. A présent il était trop grand pour son corps, et Isabelle a dû faire un cran supplémentaire à la ceinture pour maintenir le pantalon autour de la taille. Isabelle procédait avec une lenteur incroyable, peinant sur chaque détail avec une précision exaspérante, sans jamais faire de pause, sans jamais accélérer le rythme, et au bout de quelque temps ça a commencé à m'énerver. Je voulais que tout soit fait aussi vite que possible, mais Isabelle ne se souciait aucunement de moi. Elle était si absorbée dans sa tâche que je me demande si elle se rendait même compte de ma présence. En travaillant, elle continuait à parler à Ferdinand, le grondant d'une voix douce, dégoisant comme s'il pouvait l'entendre, comme s'il écoutait chacune de ses paroles. Avec sa figure bloquée dans cette horrible grimace de mort, je ne crois pas qu'il ait eu d'autre possibilité que de la laisser parler. Après tout, c'était la dernière occasion qu'elle avait, et pour une fois il n'avait aucun moyen de l'arrêter.

Elle a fait durer les soins jusqu'à la fin de la matinée – lui peignant les cheveux, enlevant les petites poussières de sa veste, le parant et l'apprêtant comme si elle habillait une poupée. Lorsqu'elle a eu enfin terminé, nous avons dû décider comment nous débarrasser du corps. J'étais d'avis de porter Ferdinand au bas des escaliers et de l'abandonner dans la rue. Mais Isabelle pensait que c'était trop

trouvé une façon de se débarrasser du corps

Isa se souciait pas d'Anna

cruel. Le moins que nous puissions faire, a-t-elle dit, serait de le mettre sur le chariot de ramassage des ordures et de le pousser à travers la ville jusqu'à un Centre de transformation. Je me suis opposée à cette proposition pour plusieurs raisons. D'abord Ferdinand était trop grand et il serait dangereux de franchir ainsi les rues. Je voyais le chariot se renverser, Ferdinand tomber, et des Vautours s'emparer des deux. Ensuite, et c'était plus important, Isabelle n'avait pas assez de forces pour une telle expédition, et je craignais qu'elle ne se fît réellement mal. Une longue journée debout pouvait détruire e peu qui lui restait de santé, et je n'ai pas voulu lui céder malgré ses pleurs et ses supplications.

Nous avons fini par trouver une sorte de solution. Sur le moment elle m'a paru tout à fait raisonnable, mais quand j'y repense aujourd'hui elle me frappe par sa bizarrerie. Après beaucoup d'énervement et d'hésitation, nous avons décidé de traîner Ferdinand sur le toit et de le pousser en bas. Notre idée était de le faire passer pour un Sauteur. Au moins les voisins penseraient que Ferdinand avait conservé en lui quelque pugnacité, a dit Isabelle. Ils le regarderaient s'envoler du toit et se diraient que c'était un homme qui avait le courage de prendre les choses en main. Il n'était pas difficile de voir à quel point cette pensée l'attirait. Mentalement, lui ai-je dit, nous ferons comme si nous le jetions par-dessus bord. C'est ce qui se passe lorsqu'un marin meurt en mer : il est lancé à l'eau par ses compagnons. Oui, cela a beaucoup plu à Isabelle. Nous

faire passer Ferdinand pour un sauteur

grimperions sur le toit et ferions semblant d'être sur le pont d'un navire. L'air remplacerait l'eau, et le sol serait le fond de l'océan. Ferdinand aurait des funérailles de marin, et, dès lors, il appartiendrait à la mer. Il y avait dans ce projet quelque chose de si juste qu'il a mis fin à toute nouvelle discussion. Ferdinand reposerait dans la grande Baille, et à la fin les requins se l'approprieraient.

Malheureusement, ce n'était pas aussi simple qu'il le semblait. L'appartement avait beau être au dernier étage de l'immeuble, il n'y avait pas d'escalier jusqu'au toit. Le seul accès passait par une échelle étroite, en fer, qui menait à un panneau dans le plafond, une sorte de trappe qu'on ouvrait en soulevant de dessous. L'échelle avait une douzaine de barreaux et ne mesurait pas plus de deux ou trois mètres, mais cela signifiait quand même qu'il fallait hisser Ferdinand sur un seul bras, puisque l'autre main devait pouvoir s'agripper pour garder l'équilibre. Isabelle n'était guère capable d'aider, et j'ai donc dû tout faire moi-même. J'ai essayé de pousser par en bas, puis j'ai essayé de tirer par le haut, mais il s'est avéré que je n'avais tout simplement pas la force voulue. Ferdinand était trop lourd pour moi, trop grand, trop malaisé à bouger, et dans cette chaleur étouffante d'été, avec la sueur qui me coulait dans les yeux, je ne voyais pas comment on pouvait y arriver. J'ai commencé à me demander si on ne pouvait pas produire le même effet en ramenant Ferdinand dans l'appartement et en le balançant par la fenêtre.

Pas capable de le monter sur le toit

Ce ne serait évidemment pas aussi théâtral, mais étant donné les circonstances c'était une solution plausible. Or, juste au moment où j'allais abandonner, Isabelle a eu une idée. Nous allons envelopper Ferdinand dans un drap, a-t-elle dit, puis nouer à celui-ci un autre drap qui nous servira de corde pour le hisser. Ça n'a pas été non plus une simple affaire, mais au moins je n'étais pas obligée de grimper et de porter simultanément. Je suis montée sur le toit et j'ai tiré Ferdinand barreau après barreau. Avec le concours d'Isabelle, debout au-dessous, qui dirigeait le paquet et s'assurait qu'il ne s'accrochait à rien, le corps est enfin parvenu en haut. Alors je me suis couchée à plat ventre, j'ai tendu la main dans l'obscurité au-dessous de moi et j'ai aidé Isabelle à monter à son tour sur le toit. Je ne parlerai pas des faux pas, des quasi-désastres, de la difficulté de tenir bon. Lorsqu'elle a finalement franchi la trappe en rampant, qu'elle s'est lentement traînée vers moi, nous étions toutes les deux si épuisées que nous nous sommes effondrées sur la surface de goudron chaud, incapables de nous lever pendant plusieurs minutes, incapables du moindre mouvement. Je me souviens d'avoir été allongée sur le dos et d'avoir regardé le ciel en pensant que j'allais flotter hors de mon corps, en m'efforçant de reprendre souffle, et en me sentant complètement écrasée par le soleil brillant et ses folles réverbérations.

Le bâtiment n'était pas particulièrement haut, mais c'était la première fois que j'étais aussi loin du

réussi a le mettre sur le toit mais elles sont épuisé

sol depuis mon arrivée en ville. Une petite brise a commencé à faire ondoyer les choses, et lorsque enfin je me suis relevée et que j'ai plongé mes regards dans l'enchevêtrement du monde au-dessous de moi, j'ai été frappée de découvrir l'océan – tout là-bas, au bord, une bande de lumière gris-bleu qui scintillait au loin. C'était une chose étrange, de voir ainsi l'océan, et je ne peux pas te dire l'effet que cela a eu sur moi. Pour la première fois depuis mon arrivée, j'avais la preuve que la ville n'était pas partout, qu'il existait quelque chose au-delà, qu'il y avait d'autres mondes en plus de celui-ci. C'était comme une révélation, comme une bouffée d'oxygène dans mes poumons, et rien que d'y penser m'a presque donné le vertige. J'ai vu un toit après l'autre. J'ai vu la fumée qui montait des crématoires et des centrales d'énergie. J'ai entendu une explosion provenant d'une rue proche. J'ai vu des gens qui marchaient en bas, trop petits pour être encore humains. J'ai senti le vent sur mon visage et la puanteur de l'air. Tout me semblait étranger, et tandis que j'étais là, debout sur le toit près d'Isabelle, encore trop épuisée pour dire quoi que ce soit, j'ai soudain eu le sentiment que j'étais morte, aussi morte que Ferdinand dans son costume bleu, aussi morte que les gens qui brûlaient et partaient en fumée aux limites de la ville. Je me suis sentie plus calme que je ne l'avais été depuis longtemps, presque heureuse, en fait, mais heureuse d'une façon impalpable, comme si ce bonheur n'avait rien à voir avec moi. Puis, soudain, je me suis mise à pleurer – c'est-à-dire à pleurer vraiment, avec de gros sanglots dans

sentiment étrange par ainsi

après avoir vue un autre monde au loin

ma poitrine, avec ma respiration qui se coupait et le manque d'air qui m'étouffait –, à chialer comme jamais depuis que je n'étais plus une petite fille. Isabelle a passé ses bras autour de moi, et j'ai gardé mon visage caché contre son épaule pendant longtemps, sanglotant de tout mon cœur sans aucune raison valable. Je n'ai pas la moindre idée d'où venaient ces larmes, mais ensuite, pendant plusieurs mois, je ne me suis plus sentie moi-même. Je continuais à vivre et à respirer, à me déplacer d'un endroit à l'autre, mais je ne pouvais pas m'ôter la pensée que j'étais morte, que rien ne pourrait jamais me rendre à la vie.

En fin de compte, nous sommes revenues à notre ouvrage sur le toit. C'était déjà la fin de l'après-midi, et la chaleur avait commencé à faire fondre le goudron, à le dissoudre en un tapis épais et visqueux. Le costume de Ferdinand avait souffert du voyage par l'échelle, et quand nous avons extrait le corps du drap qui l'entourait, Isabelle s'est remise longuement à l'astiquer et à le préparer. Lorsque enfin est arrivé le moment de le porter au bord, Isabelle a insisté pour qu'il soit mis debout. Sans quoi le but de la pantomime serait perdu. Il nous faut créer l'illusion que Ferdinand est un Sauteur, a-t-elle dit, et les Sauteurs ne rampent pas, ils marchent audacieusement vers le précipice, la tête haute. Il n'y avait rien à redire à cette logique, et nous avons donc passé les quelques minutes suivantes à lutter avec le corps inerte de Ferdinand, à le pousser et à le tirer jusqu'à ce que nous soyons parvenues à le dresser précairement

Anne se sent morte et elles prépare Ferdinand pour le saut

sur ses pieds. C'était une épouvantable petite comédie, je peux te le dire. Ferdinand le mort se tenait debout entre nous, vacillant comme un gigantesque jouet à ressort – ses cheveux ébouriffés dans le vent, son pantalon qui lui glissait des hanches, et cet air de saisissement horrifié qu'il avait encore sur son visage. Tandis que nous le menions vers l'angle du toit, ses genoux n'arrêtaient pas de céder et de traîner, et quand enfin nous sommes arrivés, ses deux souliers étaient déjà tombés. Aucune de nous deux n'a eu le courage de se tenir très près du bord, aussi n'avons-nous jamais pu être certaines qu'il y avait quelqu'un dans la rue pour voir ce qui se passait. A un mètre environ de la bordure, comme nous n'osions pas aller plus loin, nous avons compté d'une même voix pour synchroniser nos efforts et imprimé à Ferdinand une forte poussée, tombant immédiatement en arrière pour que notre élan ne nous emporte pas avec lui. Son ventre a cogné le bord en premier, ce qui l'a fait un peu rebondir, puis il a basculé. Je me souviens d'avoir prêté l'oreille pour entendre le bruit du corps arrivant sur la chaussée, mais je n'ai rien perçu d'autre que mon propre pouls, le son de mon cœur qui battait dans ma tête. Nous n'avons plus jamais revu Ferdinand. Aucune de nous deux n'est descendue dans la rue le reste de la journée, et quand je suis sortie le lendemain pour entreprendre ma tournée avec le chariot, Ferdinand avait disparu avec tout ce qu'il portait sur lui.

Ferdinand est jetté en bas et le lendemain il fut disparu

Je suis restée avec Isabelle jusqu'au bout. Ce qui comprend l'été et l'automne, puis un petit peu au-delà – jusqu'à l'entrée de l'hiver, au moment où le froid s'est mis à frapper pour de bon. Pendant tous ces mois, nous n'avons jamais parlé de Ferdinand – ni de sa vie, ni de sa mort, ni de rien. J'avais du mal à croire qu'Isabelle avait trouvé la force ou le courage de le tuer, mais c'était la seule explication qui me parût sensée. J'ai eu à de nombreuses reprises envie de l'interroger sur cette nuit, mais je n'ai jamais pu m'y résoudre. D'une certaine façon, c'était l'affaire d'Isabelle, et, sauf si elle désirait en parler, j'estimais que je n'avais pas le droit de lui poser des questions.

En tout cas il y avait une certitude : sa disparition ne nous désolait ni l'une ni l'autre. Un jour ou deux après la cérémonie sur le toit, j'ai rassemblé toutes ses possessions et je les ai vendues, y compris les miniatures de vaisseaux et un tube de colle à moitié vide ; Isabelle n'a pas dit un mot. Une période de possibilités nouvelles aurait dû s'ouvrir pour elle, mais les choses ne sont pas allées dans ce sens. Sa santé a continué à se détériorer, et elle n'a jamais été vraiment en mesure de profiter de la vie sans Ferdinand. En fait, après ce jour sur le toit, elle n'a jamais plus quitté l'appartement.

Je savais qu'Isabelle était en train de mourir, mais je n'aurais pas cru que ça viendrait si vite. Ça a débuté par son incapacité à marcher, puis, petit à petit, l'infirmité s'est étendue jusqu'à ce que ce ne soient plus seulement ses jambes qui ne puissent

Isa problème de santé (paralyser). Isa a peut-être tuer Ferdinand.

plus fonctionner, mais tout, à partir des bras jusqu'à la colonne vertébrale, et en fin de compte même sa gorge et sa bouche. C'était une forme de sclérose, m'a-t-elle dit, et il n'y avait nul remède à cela. Sa grand-mère était morte longtemps auparavant de cette même maladie qu'Isabelle désignait simplement par les mots d'"effondrement" ou de "désintégration". Je pouvais m'efforcer de lui épargner des souffrances, mais à part ça il n'y avait rien à faire.

Le pire, c'était que je devais quand même travailler. Il fallait encore que je me lève tôt le matin et que je me force à partir le long des rues, à l'affût de tout ce que je pourrais trouver. Le cœur n'y était plus, et il m'est devenu de plus en plus difficile de dénicher quelque chose qui ait un peu de valeur. J'étais toujours à la traîne de moi-même, mes pensées dans une direction et mes pas dans une autre, incapable d'une action rapide ou décidée. A de multiples reprises, j'ai été devancée par d'autres chasseurs d'objets. Ils me semblaient fondre de nulle part, me dérobant les choses au moment même où j'allais les ramasser. Ce qui signifiait que je devais passer de plus en plus de temps à l'extérieur pour remplir mon quota, tourmentée en permanence par la pensée que je devrais être à la maison en train de m'occuper d'Isabelle. Je m'imaginais sans cesse qu'il lui arriverait quelque chose en mon absence, qu'elle mourrait sans que je sois là, et cela suffisait à me déjeter complètement, à me faire oublier le travail qui m'incombait. Et

Anna s'inquiète pour Isa et passe plus de temps à la rue

crois-moi, ce travail devait être fait. Sinon, nous n'aurions rien eu à manger.

Vers la fin, Isabelle est devenue incapable de se mouvoir toute seule. Je m'efforçais de bien l'arrimer dans son lit, mais, du fait qu'elle ne contrôlait plus guère ses muscles, elle se remettait inévitablement à glisser après quelques minutes. Ces changements de position lui causaient une souffrance atroce, et même le poids de son corps pressé contre le plancher lui donnait la sensation d'être brûlée vive. Mais la douleur n'était qu'une partie du problème. L'effondrement des muscles et des os a fini par atteindre sa gorge, et à ce moment-là Isabelle a commencé à perdre la capacité de parler. Un corps qui se désintègre est une chose ; mais lorsque la voix s'en va à son tour, on a l'impression que c'est la personne qui n'est plus là. Ça a débuté par un certain relâchement de l'élocution – escamotage des contours des mots, adoucissement et brouillage des consonnes qui se sont mises peu à peu à ressembler à des voyelles. Je n'ai pas d'abord prêté grande attention à ce phénomène. Il y avait beaucoup de choses plus urgentes à considérer, et, à ce stade, il était encore possible de la comprendre en ne faisant qu'un petit effort. Mais ça a continué à empirer, et j'ai découvert que je peinais pour arriver à saisir ce qu'elle essayait de dire. Je me débrouillais toujours pour y arriver en fin de compte, mais avec de plus en plus de difficulté à mesure que les jours passaient. Puis, un matin, je me suis rendu compte qu'elle ne parlait

Isabelle perd la voix
anna essaye de la comprendre

plus. Elle gargouillait et gémissait, voulant me dire quelque chose mais n'arrivant à produire qu'un crachotement incohérent, un bruit horrible qui ressemblait au chaos même. De la bave lui coulait au coin des lèvres tandis que le bruit continuait à sortir, chant funèbre d'une confusion et d'une douleur inimaginables. Isabelle a pleuré lorsqu'elle s'est entendue ce matin-là et qu'elle a vu l'air d'incompréhension que prenait mon visage, et je ne crois pas avoir jamais éprouvé plus de compassion pour quiconque que pour elle en cet instant. Par petits bouts, le monde entier avait glissé hors de son emprise, et il ne restait à présent presque rien.

Mais ce n'était pas tout à fait la fin. Pendant dix jours environ, Isabelle a gardé assez de force pour m'écrire des messages avec un crayon. Je suis allée chez un agent de Résurrection, un après-midi, et j'ai acheté un grand cahier à couverture bleue. Toutes les pages étaient vierges, ce qui en faisait un article cher, les bons cahiers étant extrêmement difficiles à trouver dans cette ville. Mais cela me paraissait incontestablement en valoir la peine, quel que fût le prix. L'agent était quelqu'un avec qui j'avais déjà fait du commerce – M. Gambino, le bossu de la rue de Chine – et je me souviens d'avoir marchandé avec lui bec et ongles, dans une bataille qui nous a pris presque une demi-heure. Je n'ai pas réussi à lui faire baisser le prix du cahier, mais à la fin il a rajouté gratuitement six crayons et un petit taille-crayon en plastique.

Isabelle doit écrire et anna connait un agent de Résu

Assez curieusement, c'est dans ce cahier bleu que j'écris à présent. Isabelle n'a jamais été en mesure de l'utiliser beaucoup – pas plus de cinq ou six pages – et lorsqu'elle est morte je n'ai pas pu me résoudre à le jeter. Je l'ai emporté dans mes voyages, et depuis lors je l'ai toujours gardé avec moi – le cahier bleu avec les six crayons jaunes et le taille-crayon vert. Si je n'avais pas trouvé ces objets dans mon sac l'autre jour, je ne crois pas que je me serais mise à t'écrire. Mais il y avait le cahier avec toutes ces pages blanches à l'intérieur, et soudain j'ai éprouvé une envie irrésistible de prendre un des crayons et de commencer cette lettre. A présent, c'est la seule chose qui m'importe : d'avoir enfin la parole, de tout consigner sur ces feuilles avant qu'il ne soit trop tard. Je tremble lorsque je réfléchis à quel point tout se tient de près. Si Isabelle n'avait pas perdu la voix, aucun de ces mots n'existerait. Parce qu'elle n'avait plus de mots, ces mots-ci sont sortis de moi. Je veux que tu t'en souviennes. S'il n'y avait eu Isabelle, il n'y aurait rien maintenant. Je n'aurais pas commencé.

A la fin, ce qui l'a achevée est la même chose que ce qui avait emporté sa voix. Sa gorge a totalement arrêté de fonctionner, et de ce fait elle n'a plus été en mesure d'avaler. Dès lors, il n'était plus question de nourriture solide, mais au bout du compte il lui est même devenu impossible de faire descendre de l'eau. J'en étais réduite à déposer quelques gouttes d'humidité sur ses lèvres pour

Isabelle meurt, comment

empêcher sa bouche de sécher, mais nous savions toutes les deux que ce n'était plus désormais qu'une affaire de temps, puisqu'elle mourait littéralement de faim, se décharnant par manque de nourriture. Chose remarquable, il m'a même paru une fois qu'Isabelle me souriait, tout à fait à la fin, alors que j'étais assise près d'elle à lui appliquer de l'eau sur les lèvres. Je ne peux pas en être absolument sûre, cependant, car elle était déjà si loin de moi, mais j'aime à croire que c'était un sourire, même si Isabelle ne savait pas ce qu'elle faisait. Elle s'était tant excusée de tomber malade, elle avait éprouvé tant de honte de devoir se reposer sur moi pour tout, mais en réalité j'avais tout autant besoin d'elle qu'elle de moi. Ce qui s'est passé alors, juste après le sourire si c'en était un, c'est qu'Isabelle a commencé à suffoquer à cause de sa propre salive. Elle ne pouvait tout simplement plus la faire descendre, et bien que j'aie tenté de lui nettoyer la bouche avec mes doigts, il y en avait trop qui lui revenait dans la gorge, et bientôt il ne lui est plus resté d'air à respirer. Le son qu'elle a émis alors était horrible, mais il était si faible, si dénué de toute lutte réelle, qu'il n'a pas duré très longtemps.

Plus tard, ce jour-là, j'ai rassemblé un certain nombre de choses de l'appartement, je les ai emballées dans mon chariot et je les ai portées avenue du Progrès, dans la huitième zone de recensement. Mes idées n'étaient pas très claires – je me rappelle même que je m'en rendais compte – mais cela ne m'a pas arrêtée. J'ai vendu des assiettes, de la literie, des casseroles, des poêles, Dieu sait quoi encore – tout ce sur quoi j'ai pu mettre la main. C'était un soulagement de se débarrasser de toutes ces choses, et d'une certaine façon ça prenait chez moi la place des larmes. Je ne pouvais plus pleurer, vois-tu, depuis la journée sur le toit, et après la mort d'Isabelle j'avais envie de casser des choses, de mettre la maison sens dessus dessous. J'ai pris l'argent et je suis allée de l'autre côté de la ville, à Ozone Prospect, où j'ai acheté la plus belle robe que j'aie trouvée. Elle était blanche, avec de la dentelle sur le col et les manches, et une large ceinture de satin. Je crois qu'Isabelle aurait été heureuse si elle avait su qu'elle la portait.

Ensuite, les choses se brouillent un peu pour moi. J'étais épuisée, tu comprends, et j'avais cette confusion dans le cerveau qui fait croire qu'on n'est plus soi-même, quand on commence à flotter à l'intérieur et à l'extérieur de sa conscience tout en étant éveillé. Je me souviens d'avoir soulevé Isabelle dans mes bras et d'avoir frissonné en sentant à quel point elle était devenue légère. C'était comme porter un enfant, avec ces os comme de la plume et ce corps souple et tendre. Puis j'ai été dans la rue, je la poussais dans le chariot à travers la ville, et je me rappelle que j'avais peur, avec l'impression que tous ceux que je croisais regardaient le chariot en se demandant comment ils allaient s'y prendre pour m'attaquer et voler la robe que portait Isabelle. Ensuite je me vois arrivant à la porte du troisième Centre de transformation et faisant la queue avec beaucoup d'autres gens – puis, quand mon tour est venu, en train de recevoir le paiement habituel des mains d'un fonctionnaire. Il a, lui aussi, détaillé du regard la robe d'Isabelle avec un intérêt un peu plus prononcé qu'il n'est d'usage, et je pouvais voir les roues de sa sordide petite tête tourner à toute allure. J'ai brandi l'argent qu'il venait de me donner et je lui ai dit qu'il pouvait le garder s'il me promettait de brûler la robe en même temps qu'Isabelle. Il a naturellement accepté – avec un clin d'œil vulgaire et complice – mais je n'ai aucun moyen de savoir s'il a tenu parole. J'aurais tendance à penser qu'il ne l'a pas fait, ce qui explique que je préfère ne pas y penser du tout.

Après avoir quitté le Centre de transformation, je dois avoir déambulé quelque temps, la tête dans les nuages, ne prêtant aucune attention à l'endroit où je me trouvais. Plus tard je me suis endormie quelque part, sans doute dans une entrée d'immeuble, mais quand je me suis réveillée je ne me sentais pas mieux qu'avant, peut-être même plus mal. J'ai pensé retourner à l'appartement, puis j'ai décidé que je n'étais pas prête à affronter cela. Je redoutais la perspective de m'y trouver seule, de revenir dans cette pièce et de rester là assise en n'ayant rien à faire. Peut-être quelques heures supplémentaires d'air frais me feraient-elles du bien, me suis-je dit. Puis, en m'éveillant un peu plus et

anna pas très bien émotivement

en voyant graduellement où j'étais, j'ai découvert que je n'avais plus de chariot. Le cordon ombilical était encore attaché autour de ma taille, mais le chariot lui-même avait disparu. Je l'ai cherché du haut en bas de la rue, courant frénétiquement d'une porte d'entrée à l'autre, mais en vain. Soit je l'avais laissé au crématoire, soit on me l'avait volé dans mon sommeil. Mon esprit était si embrouillé, en cet instant, que je ne pouvais être certaine de l'un ou de l'autre. Il n'en faut pas plus. Un moment ou deux d'inattention, une seule seconde où l'on oublie d'être vigilant, et tout est perdu, tout ton travail est soudain réduit à néant. Le chariot était l'objet dont j'avais vraiment besoin pour survivre, et voilà qu'il avait disparu. Je n'aurais pas mieux saboté ma propre existence si j'avais pris une lame de rasoir et si je m'étais tranché la gorge.

Ça allait assez mal comme ça, mais ce qu'il y avait de bizarre c'était que je ne paraissais pas m'en soucier. Objectivement, la perte de mon chariot était un désastre, mais elle m'offrait aussi ce que je cherchais secrètement depuis longtemps : un prétexte pour ne plus être charognard. J'avais enduré la chose à cause d'Isabelle, mais, maintenant qu'elle n'était plus là, je ne pouvais plus m'imaginer en train de continuer. C'était un pan de vie qui venait de se clore pour moi, et une chance s'offrait de suivre un cours nouveau, de prendre mon existence en main et d'agir sur elle.

Sans faire la moindre pause, je me suis mise en quête d'un des faussaires de la cinquième zone de recensement, et je lui ai vendu mon permis de ramasseur d'ordures pour treize glots. L'argent que j'avais recueilli ce jour-là me permettrait de tenir au moins deux ou trois semaines, mais maintenant que j'avais commencé je n'avais nullement l'intention de m'arrêter là. Je suis revenue à l'appartement avec plein de projets, en calculant combien d'argent je pouvais encore me procurer par la vente d'autres articles de ménage. J'ai travaillé toute la nuit, empilant les objets au milieu de la pièce. J'ai mis le placard à sac pour en retirer la moindre chose utile, retournant les boîtes, fouillant les tiroirs, et puis, vers cinq heures du matin, j'ai extrait un butin inespéré de la cachette d'Isabelle dans le plancher : un couteau et une fourchette en argent, la Bible dorée sur tranche, et une petite poche bourrée de quarante-huit glots en pièces. J'ai passé toute la journée suivante à fourrer ce qui était vendable dans une valise et à arpenter la ville pour aller voir divers agents de Résurrection, vendant une cargaison puis retournant à l'appartement pour préparer la suivante. Au total, j'ai ramené plus de trois cents glots (le couteau et la fourchette rapportant presque un tiers de cette somme), et tout d'un coup je me voyais pourvue de bien cinq ou six mois de sécurité. Etant donné les circonstances, c'était plus que ce que j'aurais pu demander. Je me sentais riche, le monde était à mes pieds.

Cette euphorie n'a pourtant pas duré très longtemps. Je me suis couchée ce soir-là épuisée par

anna fait plein d'argent

ma débauche de vente, et dès le lendemain matin, à peine une heure après l'aube, j'ai été réveillée par des coups sonores lancés contre la porte. C'est bizarre à quelle vitesse on devine de telles choses, mais ma première pensée, lorsque j'ai entendu ce bruit de coups, a été d'espérer qu'ils ne me tueraient pas. Je n'ai même pas eu la possibilité de me lever. Les cambrioleurs ont forcé la porte et ont franchi le seuil avec leurs matraques et leurs bâtons habituels à la main. Ils étaient trois, et j'ai reconnu les deux plus grands, c'étaient les fils Gunderson d'en bas. Les nouvelles se propagent vite, me suis-je dit. Isabelle n'était morte que depuis deux jours et déjà les voisins s'abattaient sur moi.

Allez, la nénette, debout sur tes pattes, a dit l'un d'eux. C'est l'heure de décamper. Dégage tranquillement et il ne t'arrivera rien.

C'était tellement rageant, tellement intolérable. Donnez-moi quelques minutes pour faire mon sac, ai-je dit en m'extrayant de mes couvertures. Je faisais de mon mieux pour rester calme, pour étouffer ma colère, sachant que la moindre trace de violence de ma part ne ferait que les pousser à attaquer.

D'accord, a dit un autre. On te donne trois minutes. Mais pas plus d'un sac. Fous tes affaires là-dedans et décanille.

Miraculeusement, la température avait brutalement chuté pendant la nuit et j'avais abouti au lit tout habillée. Ce qui m'a épargné l'humiliation de devoir m'habiller devant eux, mais, plus que cela

anna se fait cambrioler à la maison

– et c'est finalement ce qui m'a sauvé la vie – j'avais mis les trois cents glots dans mes poches de pantalon. Je ne suis pas du genre à croire en la voyance, mais c'est presque comme si j'avais su d'avance ce qui allait se passer. Les voyous m'ont observée attentivement tandis que je remplissais mon sac à dos, mais aucun d'eux n'a eu l'intelligence de soupçonner où était caché l'argent. Puis je me suis bousculée pour sortir de là aussi vite que je le pouvais, dévalant les marches d'escalier deux à deux. J'ai fait une brève pause en bas pour reprendre haleine, puis j'ai ouvert la porte d'entrée. L'air m'a frappée comme un marteau. Il y avait un bruit énorme de vent et de froid, une bourrasque d'hiver dans mes oreilles, et tout autour de moi des objets volaient avec une violence folle, s'écrasant pêle-mêle contre les flancs des bâtiments, rasant le sol des rues, éclatant comme des blocs de glace. J'étais dans la ville depuis plus d'un an et rien ne s'était réalisé. Dans ma poche il y avait un peu d'argent, mais j'étais sans travail et sans domicile. Après tous ces hauts et ces bas, je me retrouvais exactement au point de départ.

Contrairement à ce qu'on pourrait supposer, les faits ne sont pas réversibles. Ce n'est pas parce que tu as pu entrer que tu seras capable de sortir. Les entrées ne deviennent pas des sorties, et il n'y a rien pour garantir que la porte que tu as franchie il y a un moment sera encore là quand tu te retourneras pour la chercher à nouveau. C'est ainsi que ça marche dans la ville. Chaque fois que tu crois connaître la réponse à une question, tu découvres que la question n'a pas de sens.

J'ai passé plusieurs semaines à tenter de m'évader. D'abord, il semblait y avoir un grand nombre de possibilités, tout un éventail de méthodes pour me rapatrier, et, du fait que j'avais quelque argent à employer, je pensais que ce ne serait pas très difficile. C'était faux, bien entendu, mais il m'a fallu un moment pour parvenir à l'admettre. J'étais arrivée dans le navire d'une œuvre caritative étrangère, et il me semblait logique de supposer que je pourrais repartir par le même moyen. Je suis donc allée jusqu'aux docks, entièrement prête à graisser la patte de tout fonctionnaire grâce auquel je pourrais prendre un passage. Il n'y avait pas de navire en vue, cependant, et même les petits bateaux de pêche que j'avais vus là un mois plus tôt avaient disparu. En revanche, les quais étaient noirs d'ouvriers – il y en avait, me semblait-il, des centaines et des centaines, bien plus que je ne pouvais en compter. Quelques-uns déchargeaient des gravats apportés par camion, d'autres portaient des briques et des pierres jusqu'au bord de l'eau, d'autres encore posaient les fondations de ce qui paraissait être un immense mur, ou une fortification face à la mer. Des policiers armés, montés sur des plates-formes, surveillaient les travailleurs, et tout résonnait de bruit et de confusion – le grondement des machines, les gens qui couraient en

anna tente de partir mais pas réussi

ouvrier construit Mur marin

tous sens, la voix des chefs d'équipe qui criaient des ordres. Il s'est avéré qu'il s'agissait du Projet de Mur marin, un programme de travaux publics récemment lancé par le nouveau gouvernement. Les gouvernements vont et viennent très vite, ici, et il est souvent difficile d'être au fait des modifications. C'était la première fois que j'entendais parler de ce changement de pouvoir, et quand j'ai demandé à quelqu'un quel était le but du Mur marin, il m'a répondu qu'il devait prévenir le risque de guerre. La menace d'une invasion étrangère se faisait plus forte, a-t-il dit, et notre devoir de citoyen était de protéger notre patrie. Grâce aux efforts du grand Untel – quel qu'ait pu être le nom du nouveau chef – les matériaux des bâtiments effondrés étaient à présent récupérés pour servir à la défense, et le projet fournirait du travail à des milliers de gens. Qu'est-ce qu'ils donnent comme paie ? ai-je demandé. Pas d'argent, a-t-il dit, mais un toit et un repas chaud par jour. Cela m'intéressait-il de m'enrôler ? Non merci, ai-je répondu, j'ai d'autres choses à faire. Eh bien, a-t-il dit, j'aurais bien le temps de changer d'avis. Le gouvernement estimait qu'il faudrait au moins cinquante ans pour finir le mur. Grand bien leur fasse, ai-je dit, mais, en attendant, comment est-ce qu'on sort de là ? Oh non, a-t-il dit en secouant la tête, c'est impossible. Les bateaux n'ont plus le droit d'entrer, désormais – et si rien n'entre, rien ne sort.

Et avec un avion ? ai-je dit. C'est quoi, un avion ? m'a-t-il demandé en me souriant d'un air intrigué, comme si je venais de faire une plaisanterie qu'il ne comprenait pas. Un avion, ai-je dit. Une machine qui vole dans les airs et transporte les gens d'un endroit à un autre. C'est ridicule, a-t-il rétorqué, me jetant un regard soupçonneux. Une telle chose n'existe pas. C'est impossible. Ne vous en souvenez-vous donc pas ? ai-je demandé. Je ne sais pas de quoi vous parlez, a-t-il répondu. Il pourrait vous en cuire de répandre des bobards comme ça. Le gouvernement n'aime pas qu'on invente des histoires. Ça sape le moral.

Tu vois à quoi on se heurte ici. Ce n'est pas seulement que les choses disparaissent – mais lorsqu'elles sont parties, le souvenir qu'on en avait s'évanouit aussi. Des zones obscures se forment dans ton cerveau, et à moins que tu ne fasses un effort constant pour te rappeler les choses qui ont disparu, elles se perdent aussi pour toi à jamais. Je ne suis pas plus à l'abri que quiconque de cette maladie, et il n'est pas douteux que de nombreux vides de ce genre se trouvent en moi. Une chose s'évanouit, et si on attend trop longtemps avant d'y repenser, aucun effort, si grand soit-il, ne réussira à l'arracher à l'oubli. Après tout, le souvenir n'est pas un acte volontaire. C'est quelque chose qui a lieu malgré soi, et, lorsqu'il y a trop de choses qui changent en permanence, il est inévitable que le cerveau flanche, il est inévitable que certaines choses passent au travers. Parfois, quand je me trouve à chercher obscurément une pensée qui m'a échappé, je me mets à dériver vers les jours anciens,

la mémoire se souvient plus bcp des choses d'avant

chez nous, me rappelant comment c'était lorsque j'étais petite fille et que toute la famille prenait le train vers le nord pour les vacances d'été. Grand frère William me laissait toujours m'asseoir près de la fenêtre, et le plus souvent je ne disais rien à personne, je voyageais, le visage pressé contre la glace, regardant le paysage, étudiant le ciel, les arbres et l'eau tandis que le train filait dans les étendues sauvages. Je trouvais toujours cela si beau, tellement plus beau que les choses de la ville, et tous les ans je me disais : Anna, tu n'as jamais rien vu de plus beau que cela – essaie de t'en souvenir, essaie de garder en mémoire toutes les belles choses que tu vois, et de cette façon elles seront toujours avec toi, même lorsque tu ne pourras plus les voir. Je ne crois pas avoir jamais scruté le monde plus intensément qu'au cours de ces voyages en train vers le nord. Je voulais que tout m'appartienne, que toute cette beauté fasse partie de ce que j'étais, et je me rappelle avoir essayé de m'en souvenir, avoir tenté de l'emmagasiner pour plus tard, avoir voulu la retenir pour le temps où j'en aurais vraiment besoin. Mais ce qu'il y avait de curieux, c'est qu'il ne m'en restait jamais rien. J'avais beau essayer de toutes mes forces, d'une façon ou d'une autre j'arrivais toujours à la perdre, et, en fin de compte, la seule chose dont je pouvais me souvenir c'était quel effort j'avais déployé. Les choses elles-mêmes passaient trop vite, et au moment où je les voyais elles s'envolaient déjà dans ma tête, remplacées par d'autres

rappelle de beau souvenir pour ne pas les oublier

encore qui s'évanouissaient avant que je puisse les voir. Il ne m'en reste qu'une vision brouillée, un brouillage beau et brillant. Les arbres, le ciel et l'eau – tout cela est parti. Et c'était toujours ainsi, parti, avant même que je me l'approprie.

Il ne suffira donc pas de simplement ressentir du dégoût. Chacun est porté à oublier, même dans les conditions les plus favorables, et dans un endroit comme celui-ci, où il y a tant qui disparaît réellement du monde physique, tu peux t'imaginer combien de choses tombent en permanence dans l'oubli. Au bout du compte, le problème n'est pas seulement que les gens oublient, mais surtout qu'ils n'oublient pas toujours la même chose. Ce qui existe encore en tant que souvenir pour l'un peut être irrémédiablement perdu pour l'autre, ce qui crée des difficultés, des barrières insurmontables à l'entendement. Comment parler à quelqu'un d'avions, par exemple, s'il ne sait pas ce qu'est un avion ? C'est un processus lent, mais inéluctable, d'effacement. Les mots ont tendance à durer un peu plus que les choses, mais ils finissent aussi par s'évanouir en même temps que les images qu'ils évoquaient jadis. Des catégories entières d'objets disparaissent – les pots de fleurs, par exemple, ou les filtres de cigarettes, ou les élastiques – et pendant quelque temps on peut reconnaître ces mots même si on ne peut se rappeler ce qu'ils signifient. Mais ensuite, petit à petit, les mots deviennent uniquement des sons, une distribution aléatoire de palatales et de fricatives, une tempête de phonèmes

chose et processus comment on oubli

qui tourbillonnent, jusqu'à ce qu'enfin le tout s'effondre en charabia. Le mot "pot de fleurs" n'aura pas plus de sens pour toi que le mot "splandigo". Ton esprit l'entendra, mais il l'enregistrera comme quelque chose d'incompréhensible, comme un terme d'une langue que tu ne peux parler. Dans la mesure où de plus en plus de ces mots à consonance étrangère affluent autour de toi, les conversations deviennent malaisées. En fait, chacun parle sa propre langue personnelle, et, comme les occasions d'arriver à une compréhension partagée diminuent, il devient de plus en plus difficile de communiquer avec qui que ce soit.

Il a fallu que j'abandonne l'idée de rentrer chez nous. De toutes les choses qui m'étaient arrivées jusqu'alors, je crois que celle-ci a été la plus difficile à accepter. Jusque-là, j'avais gardé l'illusion qu'il m'était possible de revenir dès que je voudrais. Mais avec la construction du Mur marin, avec tant de gens mobilisés pour empêcher tout départ, cette idée réconfortante a volé en éclats. D'abord Isabelle était morte, puis j'avais perdu l'appartement. Ma seule consolation avait consisté à penser à chez nous, et voilà que soudain cela m'était aussi enlevé. Pour la première fois depuis que j'étais arrivée en ville, je sombrais dans le pessimisme.

J'ai songé à filer dans la direction opposée. Le rempart du Ménétrier s'élevait sur la bordure ouest de la ville, et un permis de voyage était censé suffire pour le franchir à pied. A mon sens, tout valait mieux que la ville, même l'inconnu, mais après des allées et venues entre plusieurs agences gouvernementales, après avoir fait la queue jour après jour pour m'entendre seulement dire de porter ma demande à un autre bureau, j'ai fini par apprendre que le prix des permis de voyage était monté à deux cents glots. C'était hors de question, puisque cela signifiait que je dépenserais la plus grande partie de mes fonds en une seule fois. J'ai entendu parler d'une organisation clandestine qui faisait passer des gens à l'extérieur de la ville pour un dixième de ce prix, mais beaucoup de gens étaient d'avis qu'il s'agissait en fait d'une ruse – d'une sorte de piège astucieux mis au point par le nouveau gouvernement. Des policiers étaient placés à l'autre bout du tunnel, disaient-ils, et dès que tu arrivais en rampant de l'autre côté tu étais arrêté – puis promptement expédié dans un des camps de travaux forcés de la zone minière du Sud. Je n'avais aucun moyen de savoir si cette rumeur était fondée ou pas, mais il m'a semblé qu'il ne valait pas la peine de prendre le risque de la vérifier. Puis l'hiver est arrivé, et la question a été réglée pour moi. Toute idée de partir devrait attendre le printemps – en admettant, bien entendu, que je puisse tenir jusque-là. Etant donné les circonstances, rien ne m'a paru moins sûr.

trouver solution pour partir

Cet hiver a été le plus rigoureux dont on se souvienne – l'Hiver terrible, c'est ainsi que tout le monde l'appelait – et même à présent, plusieurs années après, il reste comme un événement crucial de l'histoire de la ville, une ligne de démarcation entre une période et la suivante.

Le froid s'est poursuivi pendant cinq ou six mois. De temps à autre il y avait un court dégel, mais ces petits accès de chaleur ne faisaient qu'aggraver les choses. Il neigeait pendant une semaine – des tempêtes immenses et aveuglantes dont les coups enfonçaient la ville dans la blancheur – et puis le soleil sortait, brillant brièvement avec une intensité estivale. La neige fondait, et dès l'après-midi les rues étaient inondées. Les rigoles débordaient d'eaux torrentielles, et partout où on jetait ses regards on voyait un étincellement affolant d'eau et de lumière, comme si le monde entier avait été transformé en un énorme cristal en train de se dissoudre. Puis, soudain, le ciel s'obscurcissait, la nuit commençait et la température redescendait au-dessous de zéro – gelant l'eau si brutalement que la glace prenait des configurations bizarres : des bosses, des rides et des spirales, des vagues entières solidifiées en pleine ondulation, une sorte de délire géologique en miniature. Dès le matin, évidemment, il était presque impossible de marcher – les gens glissaient sur toutes les parties de leur corps, des crânes se fendaient sur la glace, des corps se débattaient en vain sur les surfaces dures et lisses. Puis il se remettait à neiger et le cycle se répétait. Ainsi pendant des mois, et lorsque ça a pris fin, des milliers et des milliers de gens avaient péri. Pour les sans-logis, il était presque hors de question de survivre, mais même chez ceux qui étaient

Beaucoup de mort pdt l'hiver

surtout sans abris

logés et bien nourris il y a eu d'innombrables pertes. Des bâtiments anciens se sont écroulés sous le poids de la neige, et des familles entières ont été écrasées. Le froid rendait les gens fous, et rester toute la journée à ne rien faire dans un appartement mal chauffé ne valait finalement guère mieux qu'être dehors. Les gens brisaient leurs meubles et les brûlaient pour un peu de chaleur, et un bon nombre de ces feux dégénéraient en incendies. Des bâtiments étaient détruits presque chaque jour, parfois des pâtés de maisons entiers et des quartiers. Chaque fois qu'éclatait un de ces incendies, de vastes cohortes de sans-logis s'attroupaient autour du brasier et restaient là tant que l'immeuble brûlait – s'enivrant de chaleur, célébrant les flammes qui montaient dans le ciel. Tous les arbres de la ville ont été coupés pendant cet hiver et utilisés comme combustible. Tous les animaux domestiques ont disparu ; tous les oiseaux ont été abattus. La disette est devenue si terrible qu'on a suspendu la construction du Mur marin – six mois à peine après l'avoir commencé – de façon que tous les policiers disponibles puissent être utilisés pour escorter les expéditions de fruits et de légumes vers les marchés municipaux. Il y a eu malgré tout un certain nombre d'émeutes pour la nourriture, ce qui a mené à davantage de morts et de blessés, davantage de désastres. Nul ne sait combien de gens ont péri pendant l'hiver, mais j'ai entendu des estimations qui allaient d'un quart à un tiers de la population.

D'une façon ou d'une autre, la chance ne m'a pas lâchée. Vers la fin de novembre, j'ai failli être arrêtée dans une émeute pour la nourriture sur le boulevard Ptolémée. Ce jour-là, comme d'habitude, il y avait une queue interminable, et après avoir attendu pendant plus de deux heures dans un froid glacial sans avancer, trois hommes juste devant moi se sont mis à insulter un garde appartenant à la police. Le garde a sorti sa matraque et il est venu droit sur nous, prêt à lancer un coup à toute personne qui se mettrait sur son chemin. Leur politique est de frapper d'abord et de poser des questions ensuite, et je savais que je n'aurais pas la moindre chance de me défendre. Sans même m'arrêter pour réfléchir, j'ai quitté la queue et je me suis mise à sprinter le long de la rue, courant à perdre haleine. Troublé un instant, le garde a fait deux ou trois pas dans ma direction, mais il s'est arrêté ensuite, ne voulant manifestement pas détourner son attention de la foule. Si je débarrassais le parquet, c'était tant mieux selon lui. J'ai continué à foncer, et juste au moment où je suis arrivée à l'angle, j'ai entendu derrière moi la multitude éclater en cris haineux et hostiles. Ce qui a provoqué en moi une vraie panique, car je savais que dans quelques minutes tout le quartier serait submergé par un nouvel arrivage de brigades anti-émeutes. Je continuais à filer aussi vite que je pouvais, dévalant une rue après l'autre, trop effrayée pour même regarder derrière moi. A la fin, après un quart d'heure, je me suis retrouvée en train de courir le long d'un grand

Anna presque arrêter dans un émeute

bâtiment de pierre. J'étais incapable de dire si on me poursuivait ou pas, mais c'est alors qu'une porte s'est ouverte un ou deux mètres devant moi et je me suis engouffrée à l'intérieur. Un homme mince, avec des lunettes et un visage pâle, se tenait sur le seuil. Il allait sortir, et il m'a regardée d'un air horrifié quand je l'ai dépassé. J'avais pénétré dans ce qui paraissait être une sorte de bureau – une petite pièce avec trois ou quatre tables de travail et un entassement de papiers et de livres.

Vous ne pouvez pas entrer ici, a-t-il déclaré avec irritation. C'est la bibliothèque.

Ça m'est égal si c'est le palais du gouverneur, ai-je répondu, pliée en deux pour reprendre haleine. Je suis ici, maintenant, et personne ne va me faire sortir.

Je vais être obligé de vous signaler, a-t-il dit d'un ton coincé et suffisant. Vous n'avez pas le droit d'entrer ici comme dans un moulin. C'est la bibliothèque, et nul n'y pénètre sans une carte d'accès.

J'étais trop abasourdie par tant de tartufferie pour savoir quoi répondre. J'étais épuisée, au bout du rouleau, et, au lieu d'essayer de discuter avec lui, je l'ai simplement poussé à terre de toutes mes forces. C'était une réaction absurde, mais je n'étais pas en mesure de m'en empêcher. Ses lunettes ont sauté de son visage au moment où il a heurté le plancher, et pendant un instant j'ai même eu envie de les écraser sous mon pied.

Signalez-moi si vous voulez, ai-je dit. Mais il faudra me traîner pour que je sorte d'ici. Puis, avant

anna dans biblio attaque un homme

anna + en + violente

qu'il ait le temps de se relever, j'ai tourné les talons et j'ai franchi en courant la porte à l'autre bout de la pièce.

Je suis entrée dans un grand hall, une salle vaste et impressionnante, avec un haut plafond en forme de dôme et un sol de marbre. Le contraste soudain entre le minuscule bureau et cet énorme espace était stupéfiant. Le bruit de mes pas me revenait en écho, et c'était presque comme si je pouvais entendre ma respiration résonner contre les murs. Ici et là, des groupes de gens faisaient des allées et venues, parlant calmement entre eux, manifestement absorbés dans de sérieuses conversations. Un bon nombre de têtes se sont tournées vers moi lorsque je suis entrée, mais seulement par réflexe, et l'instant suivant elles se sont toutes retournées de l'autre côté. J'ai dépassé ces gens en marchant aussi calmement et aussi discrètement que possible, regardant le plancher et faisant comme si je savais où j'allais. Au bout d'une dizaine de mètres, j'ai découvert un escalier et j'ai commencé à le gravir.

C'était la première fois que je me trouvais dans la Bibliothèque nationale. Elle était logée dans un édifice splendide, avec sur les murs des portraits de gouverneurs et de généraux, des rangées de colonnes à l'italienne et du beau marbre plaqué – une des constructions remarquables de la ville. Mais comme pour tout le reste, ses beaux jours étaient derrière elle. Un plafond au deuxième étage s'était affaissé, des colonnes étaient penchées et fêlées, des livres et des papiers jonchaient le sol. J'ai encore vu des grappes de gens en train de circuler – des hommes, pour la plupart, m'est-il apparu –, mais personne n'a fait attention à moi. De l'autre côté des rangées du fichier à cartes, j'ai trouvé une porte de cuir vert qui menait à un escalier intérieur. J'ai gravi ses marches jusqu'à l'étage au-dessus où je l'ai quitté pour entrer dans un long couloir au plafond bas, flanqué de nombreuses portes des deux côtés.

Personne d'autre ne s'y trouvait, et comme je n'entendais aucun son provenant de l'autre côté des portes, j'ai supposé que les pièces étaient vides. J'ai essayé d'ouvrir la première porte sur ma droite, mais elle était fermée à clé. La deuxième l'était aussi. Puis, contre toute attente, la troisième s'est ouverte. A l'intérieur, cinq ou six hommes étaient assis autour d'une table de bois, parlant de quelque chose avec des voix animées et insistantes. La pièce était nue, avec une peinture jaunâtre qui pelait sur les murs et de l'eau qui suintait du plafond. Les hommes avaient tous des barbes, ils étaient vêtus de noir et portaient des chapeaux. J'ai été tellement saisie de les découvrir que j'ai laissé échapper un petit hoquet et j'ai commencé à fermer la porte. Mais le plus vieux des hommes assis à la table s'est tourné et m'a lancé un sourire magnifique, tellement rempli de chaleur et de gentillesse que j'ai hésité.

Y a-t-il quelque chose que nous puissions faire pour vous ? a-t-il demandé.

Sa voix avait un fort accent (il disait *d* pour *t* et *v* pour *f*), mais je ne pouvais pas discerner de

un étranger gentil à l'étage de la biblio

quel pays il venait. Y a-d-il quèque chôse que nous puissions ver pour vous. Alors je l'ai regardé dans les yeux et une lueur de reconnaissance a clignoté en moi.

Je croyais que tous les juifs étaient morts, ai-je murmuré.

Il reste un petit nombre d'entre nous, a-t-il dit en me souriant à nouveau. Ce n'est pas si facile de se débarrasser de nous, voyez-vous.

Je suis juive, moi aussi, ai-je laissé échapper. Je m'appelle Anna Blume, et je viens de loin. Il y a plus d'un an que je suis dans la ville à la recherche de mon frère. Je ne pense pas que vous le connaissiez. Il s'appelle William. William Blume.

Non, ma chère, a-t-il répondu en secouant la tête. Je n'ai jamais rencontré votre frère. Il a dirigé ses regards vers ses collègues de l'autre côté de la table et leur a posé la même question, mais aucun d'eux ne savait qui était William.

Ça fait longtemps, ai-je dit. A moins qu'il ne se soit débrouillé pour s'échapper, je suis sûre qu'il est mort.

C'est très possible, a dit le rabbin avec douceur. Il y en a tant qui sont morts, voyez-vous. Il vaut mieux ne pas s'attendre à des miracles.

Je ne crois plus en Dieu, si c'est ce que vous voulez dire, ai-je ajouté. J'ai abandonné tout cela quand j'étais encore petite fille.

Il est difficile de faire autrement, a dit le rabbin. Quand on considère les preuves, on voit de bonnes raisons pour que tant de gens pensent comme vous.

Monsieur est juif comme anna
et demande pour son frère

Vous n'allez pas me dire que *vous* croyez en Dieu, ai-je dit.

Nous lui parlons. Quant à savoir s'il nous entend ou pas, c'est une autre affaire.

Mon amie Isabelle croyait en Dieu, ai-je poursuivi. Elle est morte, elle aussi. J'ai vendu sa Bible sept glots à M. Gambino, l'agent de Résurrection. C'est une action épouvantable, n'est-ce pas ?

Pas forcément. Il y a des choses plus importantes que les livres, après tout. La nourriture vient avant les prières.

C'était bizarre, ce qui s'était emparé de moi en présence de cet homme, mais plus je lui parlais, plus je me faisais l'effet d'être une enfant. Peut-être me faisait-il penser à l'époque où j'étais très jeune, aux âges obscurs où je croyais encore en ce que me disaient les pères et les professeurs. Je ne peux l'affirmer, mais en réalité je me sentais en terrain sûr avec lui, et je savais que c'était quelqu'un en qui je pouvais avoir confiance. Presque inconsciemment, je me suis trouvée en train de plonger la main dans la poche de mon manteau et d'en extraire la photo de Samuel Farr.

Je cherche aussi cet homme, ai-je dit. Il s'appelle Samuel Farr, et il y a de grandes chances pour qu'il sache ce qui est arrivé à mon frère.

J'ai tendu la photo au rabbin, mais, après l'avoir étudiée pendant quelque temps, il a secoué la tête et déclaré qu'il ne reconnaissait pas ce visage. Je commençais juste à ressentir la déception, lorsqu'un homme à l'autre bout de la table a ouvert la bouche.

Anna se sent sécurisé par le rabbin et demande aussi pour Samuel

C'était le plus jeune de l'assistance, et sa barbe aux reflets roux était plus courte et plus follette que celle des autres.

Rabbi, a-t-il demandé timidement, puis-je dire quelque chose ?

Tu n'as pas besoin de permission, Isaac, a répondu le rabbin. Tu peux dire ce que tu veux.

Rien n'est sûr, évidemment, mais je crois savoir qui est cette personne, a dit le jeune homme. Du moins je connais quelqu'un de ce nom. Il se peut que ce ne soit pas celui que cherche la jeune dame, mais je connais ce nom.

Dans ce cas, regarde la photo, a dit le rabbin en faisant glisser l'image sur la table dans sa direction.

Isaac a regardé, et l'expression sur son visage était si sombre, si dénuée de réaction que j'ai aussitôt perdu espoir. La ressemblance est très médiocre, a-t-il enfin dit. Mais maintenant que j'ai eu l'occasion de l'étudier, je pense qu'il n'y a aucun doute : il s'agit de l'homme en question. Le visage pâle et studieux d'Isaac s'est alors épanoui en un sourire. Je lui ai parlé plusieurs fois, a-t-il poursuivi. C'est un homme intelligent mais extrêmement amer. Nous sommes en désaccord sur pratiquement tout.

J'avais du mal à croire ce que j'entendais. Avant que j'aie pu dire un mot, le rabbin a demandé : Isaac, où peut-on trouver ce monsieur ? M. Farr n'est pas au phare, a répondu Isaac, incapable de s'abstenir de ce jeu de mots. Après un bref gloussement, il a ajouté : Il habite juste ici dans la bibliothèque.

Est-ce vrai ? ai-je enfin demandé. Est-ce réellement vrai ?

Bien sûr que c'est vrai. Je peux vous mener jusqu'à lui tout de suite si vous voulez. Isaac a hésité, puis s'est tourné vers le rabbin. En supposant que vous me donniez la permission.

Le rabbin avait cependant l'air d'éprouver quelque inquiétude. Ce monsieur a-t-il un lien avec l'une des académies ? a-t-il demandé.

Pas à ma connaissance, a dit Isaac. Je crois que c'est un indépendant. Il m'a dit qu'il avait travaillé pour un journal quelque part.

C'est exact, ai-je dit. C'est parfaitement exact. Samuel Farr est un journaliste.

Et que fait-il à présent ? a demandé le rabbin sans tenir compte de mon interruption.

Il écrit un livre. Je n'en connais pas le sujet, mais je crois comprendre que ça a quelque chose à voir avec la ville. Nous en avons parlé à quelques reprises dans le grand vestibule en bas. Il pose des questions très pénétrantes.

Est-il favorable ? a demandé le rabbin.

Il est neutre, a dit Isaac, ni pour ni contre. C'est quelqu'un de tourmenté, mais absolument sans parti pris, et il ne prêche pas pour sa paroisse.

Le rabbin s'est tourné vers moi pour fournir quelques explications. Vous comprenez, nous avons beaucoup d'ennemis, a-t-il dit. Notre permis est en danger parce que nous n'avons plus notre plein statut académique, et je dois agir avec beaucoup de prudence. J'ai fait oui de la tête, essayant

rabbin agit avec prudence et pose question sur Samuel, anna très contente de me comporter comme si je savais de quoi il parlait. Mais étant donné les circonstances, a-t-il ajouté, je ne vois pas de mal à ce qu'Isaac vous montre où habite ce monsieur.

Merci, Rabbi, ai-je dit, je vous en suis très reconnaissante.

Isaac vous conduira jusqu'à la porte, mais je ne veux pas qu'il aille plus loin que cela. Est-ce bien clair, Isaac ? Il a regardé son disciple avec une expression de tranquille autorité.

Oui, Rabbi, a répondu Isaac.

Alors le rabbin s'est levé de sa chaise et m'a serré la main. Il faudra que vous reveniez me rendre visite un de ces jours, Anna, a-t-il déclaré. Il avait soudain l'air très vieux, très fatigué. Je veux savoir comment tout cela va tourner.

Je reviendrai, ai-je dit, je vous le promets.

La chambre était située au neuvième étage, le dernier du bâtiment. Dès que nous sommes arrivés, Isaac a détalé en grommelant des excuses indistinctes sur le fait qu'il ne pouvait pas rester, et je me suis soudain retrouvée seule, debout dans le couloir totalement noir avec une petite bougie qui brûlait dans ma main gauche. Il existe une loi de la vie en ville selon laquelle on ne doit jamais frapper à une porte sans savoir ce qui se trouve derrière. Est-ce que j'avais parcouru tout ce chemin pour provoquer seulement un nouveau désastre qui me tomberait sur la tête ? Samuel Farr n'était rien de

Anna se dirige vers la porte de Samuel et peur du désastre

plus qu'un nom, pour moi, un symbole de désirs impossibles et d'espoirs absurdes. Je l'avais utilisé comme un aiguillon pour ne pas m'arrêter, mais à présent que j'étais enfin parvenue jusqu'à sa porte, je me sentais terrifiée. Si la bougie n'avait pas été en train de fondre si vite, il se peut que je n'aie jamais eu le courage de frapper.

Une voix rude, inamicale, s'est élevée de l'intérieur de la pièce. Allez-vous-en, criait-elle.

Je cherche Samuel Farr. Est-ce que c'est Samuel Farr qui est là ?

Qui veut savoir ? a demandé la voix.

Anna Blume, ai-je dit.

Je ne connais pas d'Anna Blume, a répliqué la voix. Allez-vous-en.

Je suis la sœur de William Blume, ai-je repris. J'essaie de vous trouver depuis plus d'un an. Vous ne pouvez pas me renvoyer, maintenant. Si vous ne voulez pas ouvrir la porte, je continuerai à frapper jusqu'à ce que vous le fassiez.

J'ai entendu une chaise racler le plancher, j'ai suivi le bruit de pas qui se rapprochaient, puis celui d'un pêne glissant hors de la gâche. La porte s'est ouverte et soudain j'ai été submergée par la lumière, par un grand flot de lumière solaire qui se déversait dans le couloir depuis une fenêtre de la chambre. Il a fallu à mes yeux quelque temps pour s'y adapter. Lorsque j'ai enfin pu discerner la personne qui me faisait face, la première chose que j'aie vue était un revolver – un petit pistolet noir braqué en plein sur mon ventre. C'était bien Samuel Farr, mais il ne

Anna, devant la porte, Samuel lui ouvre armé, c'est bien lui ressemblait plus guère à la photo. Le robuste jeune homme du cliché avait fait place à un personnage émacié et barbu avec des cernes foncés sous les yeux, et une énergie nerveuse, agitée, paraissait émaner de son corps. Ça lui donnait l'air de quelqu'un qui n'aurait pas dormi pendant un mois.

Comment puis-je savoir que vous êtes celle que vous dites ? a-t-il demandé.

Parce que je le dis. Parce que vous seriez bête de ne pas me croire.

J'ai besoin d'une preuve. Je ne vous laisserai pas entrer si vous ne me donnez pas une preuve.

Il vous suffit de m'écouter parler. J'ai le même accent que vous. Nous venons du même pays, de la même ville. Nous avons même probablement grandi dans le même quartier.

N'importe qui peut imiter une voix. Il faut que vous me montriez autre chose.

Que dites-vous de ça ? ai-je dit en sortant la photo de la poche de mon manteau.

Il l'a étudiée pendant dix ou vingt secondes, sans dire une parole, et graduellement tout son corps a paru se ratatiner, se replier en lui-même. Lorsqu'il m'a regardée à nouveau, j'ai vu que le pistolet pendait à son côté.

Bon Dieu, a-t-il dit doucement, presque dans un souffle. Où avez-vous pris ça ?

Chez Bogat. Il me l'a donnée avant que je parte.

C'est moi, a-t-il dit. C'est à ça que je ressemblais.

Je sais.

C'est dur à croire, n'est-ce pas ?

Anna montre la photo a Samuel et cela le surprend

Pas vraiment. Il ne faut pas oublier depuis combien de temps vous êtes ici.

Il a semblé partir un moment dans ses pensées. Lorsqu'il a de nouveau porté ses regards sur moi, c'était comme s'il ne me reconnaissait plus.

Qui donc dites-vous que vous êtes ? Il a fait un sourire d'excuse et je pouvais voir qu'il lui manquait trois ou quatre dents du bas.

Anna Blume. La sœur de William Blume.

Blume.

C'est exact.

Je suppose que vous voulez entrer, n'est-ce pas ?

Oui. C'est pour cela que je suis ici. Nous avons beaucoup de choses à nous dire.

C'était une petite chambre, mais pas si petite que deux personnes ne puissent s'y tenir. Un matelas par terre, un bureau et une chaise près de la fenêtre, un poêle à bois, des quantités de papiers et de livres entassés contre un des murs, des vêtements dans un carton. Ça me faisait penser à une chambre dans un dortoir d'étudiants – pas très différente de celle que tu avais à l'université l'année où je suis venue te rendre visite. Le plafond était bas, et il était si incliné qu'on ne pouvait atteindre le mur donnant sur l'extérieur sans se courber. La fenêtre de ce même mur, en revanche, était extraordinaire – une belle ouverture en forme d'éventail qui occupait presque toute la surface. Elle était faite de carreaux épais et segmentés, divisés par de fines barres de plomb, et le tout formait un dessin aussi compliqué qu'une aile de

Samuel perte léger de mémoire, a bcp changé et accueil anna et anna explore sa chambre papillon. La vue qu'elle offrait s'étendait littéralement à des kilomètres – jusqu'au rempart du Ménétrier et au-delà.

Sam m'a fait signe de m'asseoir sur le lit, puis il a pris place dans le fauteuil du bureau qu'il a fait pivoter vers moi. Il m'a présenté ses excuses pour avoir braqué son pistolet sur moi, mais, a-t-il expliqué, sa situation était précaire et il ne pouvait pas courir de risques. Il y avait maintenant presque un an qu'il vivait dans la bibliothèque, et une rumeur avait couru selon laquelle il gardait dans sa chambre un gros paquet d'argent.

Si j'en juge par l'aspect des choses qui sont ici, ai-je dit, je n'imaginerais jamais que vous soyez riche.

Je n'utilise pas cet argent pour moi-même. C'est pour le livre que j'écris. Je paie des gens pour qu'ils viennent ici me parler. Je donne tant par entretien, selon combien de temps ça prend. Un glot pour la première heure, un demi-glot pour toute heure supplémentaire. J'en ai fait des centaines, une histoire après l'autre. Je n'imagine aucune autre manière de procéder. L'histoire est si gigantesque, voyez-vous, qu'il est impossible à une seule personne de la raconter.

Sam était venu dans la ville envoyé par Bogat, et même à présent il se demandait encore ce qui lui avait pris d'accepter cette mission. Nous savions tous que quelque chose de terrible était arrivé à votre frère, a-t-il dit. Nous n'avions aucune nouvelle de lui depuis plus de six mois, et quiconque

Samuel explique c'est menace, écrit des histoire, regret d'être venu.

le suivrait allait forcément tomber dans le même pot au noir. Bogat, évidemment, ne s'est pas embarrassé d'une telle considération. Il m'a fait venir à son bureau un matin et m'a dit : Voilà la chance que vous attendiez, jeune homme. Je vous envoie là-bas pour remplacer Blume. Mes instructions étaient claires : réaliser les reportages, découvrir ce qui était arrivé à William, rester en vie. Trois jours plus tard, ils ont organisé en mon honneur une fête de départ avec du champagne et des cigares. Bogat a prononcé un toast et tout le monde a bu à ma santé, m'a serré la main, m'a tapé sur l'épaule. Je me sentais comme un invité à mon propre enterrement. Mais au moins je n'avais pas trois enfants et un aquarium plein de poissons rouges qui m'attendaient à la maison, comme Willoughby. On peut dire ce qu'on veut sur le chef, mais c'est un homme de sentiment. Je ne lui en ai jamais voulu de m'avoir choisi comme celui qui devait partir. Le fait est que je voulais probablement y aller. Sinon, il m'aurait été relativement simple de démissionner. C'est donc ainsi que ça a démarré. J'ai fait mes bagages, taillé mes crayons et prononcé mes adieux. C'était il y a plus d'un an et demi. Il va sans dire que je n'ai jamais envoyé de reportage et que je n'ai jamais retrouvé William. Pour l'instant, il s'avère que je suis resté en vie. Mais je ne voudrais pas parier sur le temps que ça va durer.

J'espérais que vous pourriez me donner une information plus catégorique sur William, ai-je dit. Dans un sens ou dans l'autre.

Sam a secoué la tête. Rien n'est catégorique, ici. Etant donné les possibilités, vous devriez être contente de ça.

Je ne vais pas perdre espoir. Pas avant que j'aie une certitude.

C'est votre droit. Mais je ne crois pas que vous seriez très avisée de vous attendre à autre chose qu'au pire.

C'est ce que le rabbin m'a dit.

C'est ce que vous dirait n'importe quelle personne sensée.

Sam parlait d'un ton agité et moqueur envers lui-même, passant du coq à l'âne d'une façon qui m'était difficile à suivre. Il me donnait la sensation d'un homme au bord de l'effondrement – quelqu'un qui s'était trop forcé et pouvait à peine encore se tenir debout. Il avait, disait-il, accumulé plus de trois mille pages de notes. S'il continuait à travailler à son rythme actuel, il pensait pouvoir terminer le travail préliminaire de son livre dans cinq ou six mois. Le problème était que son argent s'épuisait et que la chance semblait avoir tourné en sa défaveur. Il ne pouvait plus payer les entretiens, et, ses fonds étant dangereusement bas, il ne mangeait plus qu'un jour sur deux. Ce qui, bien sûr, aggravait encore la situation. Sa force en était sapée, et il lui arrivait d'avoir de tels étourdissements qu'il ne voyait plus les mots qu'il écrivait. Parfois, disait-il, il s'endormait à son bureau sans même s'en rendre compte.

Vous allez vous tuer avant d'avoir fini, ai-je déclaré. Et à quoi cela rime-t-il ? Vous devriez arrêter d'écrire ce livre et prendre soin de vous-même.

Je ne peux pas m'arrêter. Ce livre est la seule chose qui me maintienne. Il m'empêche de penser à moi-même et d'être englouti dans ma propre vie. Si jamais j'arrêtais d'y travailler, je serais perdu. Je ne crois pas que je survivrais un jour de plus.

Il n'y a personne pour lire votre foutu bouquin, ai-je répondu avec colère. Ne voyez-vous donc pas cela ? Peu importe combien de pages vous écrivez. Personne ne verra jamais ce que vous avez fait.

Vous vous trompez. Je vais rapporter le manuscrit chez nous. Le livre sera publié et tout le monde découvrira ce qui se passe ici.

Vous dites n'importe quoi. N'avez-vous donc pas entendu parler du projet de Mur marin ? Il est devenu impossible de partir d'ici.

Je suis au courant du Mur marin. Mais ce n'est qu'un endroit. Il y en a d'autres, croyez-moi. Le long de la côte au nord. A l'ouest par les territoires abandonnés. Lorsque l'heure viendra, je serai prêt.

Vous ne tiendrez pas assez longtemps. Quand vous aurez passé l'hiver, vous ne serez plus prêt pour quoi que ce soit.

Il arrivera quelque chose. Sinon, eh bien, ça ne me fera ni chaud ni froid.

Combien d'argent vous reste-t-il ?

Je ne sais pas. Entre trente et trente-cinq glots, je crois. d'autre porte de sortie selon Samuel et anna un peu en colère, livre plus important pour Sam que vivre

J'ai été abasourdie d'entendre un chiffre aussi bas. Même en prenant toutes les précautions possibles, en ne dépensant que le strict nécessaire, trente glots ne dureraient pas au-delà de trois ou quatre semaines. J'ai soudain compris le danger de la position de Sam. Il marchait en droite ligne vers sa propre mort, et il n'en avait même pas conscience.

A cet instant, des paroles se sont mises à me sortir de la bouche. Je n'avais aucune idée de ce qu'elles signifiaient jusqu'à ce que je les aie entendues moi-même, mais alors il était déjà trop tard. J'ai un peu d'argent, ai-je dit. Pas grand-chose, mais quand même beaucoup plus que vous.

Tant mieux pour vous, a répondu Sam.

Vous ne comprenez pas. Quand je dis que j'ai de l'argent, je veux dire que je serais d'accord pour le partager avec vous.

Le partager ? Et pourquoi diable ?

Pour nous garder en vie, ai-je répondu. J'ai besoin d'un endroit où vivre, et vous avez besoin d'argent. Si nous mettons nos ressources en commun, nous aurons une chance de survivre à l'hiver. Sinon nous mourrons tous les deux. Je ne crois pas qu'il y ait le moindre doute là-dessus. Nous mourrons, et c'est idiot de mourir quand on n'y est pas obligé.

Mon franc-parler nous a ébranlés tous les deux, et, pendant plusieurs moments, ni l'un ni l'autre n'avons rien dit. Tout cela était si absolu, si déroutant, mais d'une certaine façon j'avais réussi à

anna remet la réalité en face de Sam

et ébranlé les deux, anna veut aider sam

exprimer la vérité. Ma première impulsion a été de m'excuser, mais mes paroles continuaient à flotter entre nous et elles gardaient tout leur sens ; aussi étais-je peu disposée à les retirer. Je crois que nous comprenions tous les deux ce qui se passait, mais cela ne facilitait pas l'émergence de la parole suivante. Dans des situations analogues, on a vu des gens de cette ville s'entre-tuer. Ce n'est presque rien d'assassiner quelqu'un pour une chambre ou pour une poignée de monnaie. Peut-être que ce qui nous a gardés de nous faire du mal a été le simple fait de ne pas être d'ici. Nous n'étions pas des gens de cette ville. Nous avions grandi ailleurs, et peut-être cela suffisait-il à nous donner l'impression que nous n'étions pas sans rien connaître l'un de l'autre. Je ne saurais dire avec certitude. Le hasard nous avait projetés l'un vers l'autre d'une façon presque impersonnelle, ce qui semblait donner à notre rencontre une logique propre, une force qui ne dépendait d'aucun de nous deux. J'avais fait une proposition extravagante, j'avais sauté sans retenue dans sa vie privée, et Sam n'avait pas prononcé une parole. Le simple fait de ce silence était extraordinaire, à mon sens, et plus il durait, plus il semblait légitimer ce que j'avais dit. Lorsqu'il a pris fin, il ne restait plus rien à discuter.

C'est drôlement à l'étroit, ici, a dit Sam en regardant tout autour de la petite chambre. Où vous proposez-vous de dormir ?

Ça n'a pas d'importance, ai-je répondu. Nous aménagerons quelque chose.

moment de silence et Sam semble accepter la proposition que anna s'installe et s'entraide

William parlait de vous, parfois, a repris Sam en laissant paraître un faible soupçon de sourire au coin des lèvres. Il m'a même mis en garde à votre sujet. Fais attention à ma petite sœur, disait-il. Elle est soupe au lait. Est-ce ainsi que vous êtes, Anna Blume, soupe au lait ?

Je sais ce que vous pensez, ai-je dit, mais vous n'avez pas à vous inquiéter. Je ne vous gênerai pas. Je ne suis quand même pas idiote. Je sais lire et écrire. Je sais penser. Le livre sera réalisé beaucoup plus vite si je suis dans les parages.

Je ne suis pas inquiet, Anna Blume. Vous débarquez ici de nulle part, vous vous laissez choir sur mon lit, vous me proposez de faire de moi un homme riche, et vous voudriez que je sois inquiet ?

Il ne faut pas exagérer. Ça n'atteint pas trois cents glots. Pas même deux cent soixante-quinze.

C'est ce que j'ai dit – un homme riche.

Si vous le dites.

Je le dis. Et j'ajoute : c'est une sacrée chance pour nous deux que le pistolet n'ait pas été chargé.

C'est ainsi que j'ai survécu à l'Hiver terrible. J'ai habité avec Sam dans la bibliothèque, et, pendant les six mois suivants, cette petite chambre a été le centre de mon univers. Je suppose que tu ne seras pas choqué si tu apprends que nous avons fini par dormir dans le même lit. Il faudrait être fait de pierre pour résister à une telle chose, et lorsque c'est enfin arrivé, la troisième ou la quatrième nuit, nous nous sommes tous les deux trouvés bêtes d'avoir attendu si longtemps. Ce n'était d'abord qu'une affaire de corps, des membres pressés et emmêlés, une débauche de désirs refrénés. La sensation de défoulement était immense, et pendant les quelques jours suivants nous nous sommes rués l'un sur l'autre jusqu'à l'épuisement. Puis le rythme est retombé, comme il devait le faire, et petit à petit, pendant les semaines qui ont suivi, nous sommes en fait tombés amoureux. Je ne parle pas seulement de la tendresse ou du confort d'une vie partagée. Nous sommes tombés profondément et irrévocablement amoureux, et à la fin c'était comme si nous étions mariés, comme si nous ne devions plus jamais nous quitter.

Ces jours-là ont été pour moi les meilleurs. Pas seulement ici, vois-tu, mais n'importe où – les meilleurs jours de ma vie. C'est curieux que j'aie pu être si heureuse pendant cette époque terrible, mais vivre avec Sam changeait tout. Vers l'extérieur, les choses ne bougeaient guère. Les mêmes luttes continuaient, il fallait affronter les mêmes problèmes tous les jours, mais à présent j'avais reçu la possibilité d'espérer, et je commençais à croire que tôt ou tard nos ennuis allaient finir. Sam était mieux informé sur la ville que toute autre personne que j'avais pu rencontrer. Il était capable de réciter la liste de tous les gouvernements des dix dernières années ; il connaissait le nom des gouverneurs, des maires et d'innombrables fonctionnaires de deuxième rang ; il pouvait raconter

anna et samuel tombe en amour et regain d'énergie pour anna

l'histoire des Péagistes, décrire la construction des centrales d'énergie, rendre compte en détail de toutes les sectes, même des plus petites. Qu'il ait su autant de choses et que malgré tout il soit resté confiant quant à nos chances de sortir – c'est cela qui a emporté ma conviction. Sam n'était pas du genre à déformer les faits. C'était un journaliste, après tout, et il s'était entraîné à jeter un regard sceptique sur le monde. Ce n'était pas un songe-creux enclin à de vagues suppositions. S'il disait qu'il nous était possible de rentrer chez nous, cela signifiait qu'il savait que ça pourrait être accompli.

En général, Sam n'était guère optimiste, ce n'était pas vraiment ce qu'on appelle une bonne pâte. Il y avait en lui une sorte de fureur qui bouillonnait tout le temps, et même quand il dormait il paraissait tourmenté, se débattant sous les couvertures comme s'il se bagarrait en rêve avec quelqu'un. Il était en mauvaise forme lorsque j'ai emménagé, dénutri, toussant constamment, et il a fallu plus d'un mois avant qu'il soit ramené à un semblant de bonne santé. Jusque-là j'ai pratiquement fait tout le travail. Je suis sortie acheter les provisions, je me suis chargée de vider les eaux sales, j'ai fait la cuisine et le ménage de la chambre. Plus tard, lorsque Sam a eu assez de forces pour braver à nouveau le froid, il a commencé à filer le matin pour faire lui-même les corvées, insistant pour que je reste au lit et que je rattrape mes heures de sommeil. Il avait un grand talent pour la

Sam a beaucoup récupérer depuis que anna est avec lui.

bonté, Sam – et il m'a bien aimée, beaucoup mieux que ce à quoi je m'étais jamais attendue. Si ses bouffées d'angoisse le coupaient parfois de moi, il en faisait cependant une affaire interne à lui-même. Son obsession restait le livre, et il avait tendance à exiger trop de lui-même à cet égard, à travailler au-delà de ce qu'il pouvait supporter. Devant la contrainte de devoir assembler les éléments hétéroclites qu'il avait recueillis pour en faire un tout cohérent, il se mettait soudain à perdre confiance dans le projet. Il le jugeait nul, un tas futile de papiers qui cherchaient à dire des choses qui ne pouvaient pas être dites, puis il plongeait dans une dépression qui durait de un à trois jours. Ces moments d'humeur noire étaient invariablement suivis de périodes de tendresse extrême. Il m'achetait alors des petits cadeaux – une pomme, par exemple, ou un ruban pour mes cheveux, ou une tablette de chocolat. Il avait probablement tort de faire ces dépenses supplémentaires, mais j'avais du mal à ne pas être émue par ces gestes. C'était toujours moi qui tenais le rôle de la femme pratique, de la ménagère sévère qui économise et s'inquiète, mais lorsque Sam rentrait en ayant fait une extravagance de ce genre, je me sentais renversée de joie, totalement submergée. Je n'y pouvais rien. J'avais besoin de savoir qu'il m'aimait, et si cela impliquait que nos réserves allaient fondre un peu plus tôt, j'acceptais de payer ce prix-là.

Il nous est venu à tous les deux une passion pour les cigarettes. Le tabac est dur à trouver, ici,

Sam et anna amoureux, sam lui fait plaisir et anna vie une belle période et quand on y arrive il est terriblement cher, mais Sam s'était créé un certain nombre de contacts dans le marché noir pendant qu'il effectuait des recherches pour son livre, et il était souvent en mesure de dénicher des paquets de vingt pour un prix aussi modique que un glot ou un glot et demi. Je parle de cigarettes réelles, à l'ancienne, celles qu'on produisait dans des usines avec des étuis de papier joliment colorés et une enveloppe de cellophane. Celles que Sam achetait avaient été volées sur les divers bateaux de missions caritatives qui avaient accosté ici antérieurement, et les noms des marques étaient imprimés dans des langues que d'ordinaire nous n'étions même pas capables de lire. Nous fumions après la tombée de la nuit, allongés dans le lit et regardant, à travers la grande fenêtre en éventail, le ciel et ses turbulences, les nuages qui voguaient à travers la lune, les minuscules étoiles, les blizzards qui déferlaient d'en haut. Nous rejetions la fumée par la bouche et nous la regardions flotter dans la pièce, jetant sur le mur du fond des ombres qui se dispersaient sitôt qu'elles se formaient. Il y avait dans tout cela une belle fugacité, le sentiment d'un destin qui nous entraînait avec lui dans les recoins inconnus de l'oubli. Dans ces moments nous avons souvent parlé de chez nous, évoquant autant de souvenirs que nous le pouvions, rappelant les images les plus infimes et les plus spécifiques dans une sorte d'incantation langoureuse – les érables de l'avenue Miró en octobre, les horloges à chiffres romains

Il fume parle du passé

dans les salles de classe des écoles publiques, l'éclairage en forme de dragon vert dans le restaurant chinois en face de l'université. Nous pouvions partager la saveur de ces choses, revivre la myriade de menus détails d'un monde que nous avions tous les deux connu depuis notre enfance, et cela nous aidait, me semble-t-il, à garder bon moral, à nous faire croire qu'un jour nous pourrions retrouver tout cela.

Je ne sais pas combien de gens vivaient dans la bibliothèque, à cette époque, mais j'ai l'impression qu'ils étaient au-delà d'une centaine et peut-être même davantage. Les résidents étaient tous des chercheurs et des écrivains, rescapés du Mouvement de Purification qui avait eu lieu pendant le tumulte de la précédente décennie. Selon Sam, le gouvernement suivant avait institué une politique de tolérance, logeant des chercheurs dans un certain nombre d'édifices publics de la ville – le gymnase de l'université, un hôpital abandonné, la Bibliothèque nationale. Ce dispositif d'hébergement était entièrement subventionné (ce qui expliquait la présence d'un poêle en fonte dans la chambre de Sam et le miracle d'éviers et de W.-C. en état de fonctionner au sixième étage), et par la suite le programme avait été élargi jusqu'à inclure quelques groupes religieux et des journalistes étrangers. Mais lorsqu'un autre gouvernement était arrivé au pouvoir deux ans plus tard, cette politique avait été arrêtée. Les chercheurs n'avaient pas été expulsés de leur logement, mais ils n'avaient

gouvernement changeant

plus reçu de subsides de la part de l'Etat. Le taux d'attrition avait été élevé, cela se comprend, car de nombreux chercheurs avaient été mis en situation de devoir sortir pour trouver d'autres formes de travail. Ceux qui étaient restés avaient été plus ou moins livrés à leurs propres expédients, car les gouvernements qui s'étaient succédé au pouvoir ne tenaient plus compte d'eux. Une certaine camaraderie méfiante s'était installée entre les diverses factions de la bibliothèque, allant jusqu'à l'échange de paroles et d'idées entre de nombreuses personnes. Là était l'explication des groupes que j'avais aperçus dans le hall le premier jour. Chaque matin se tenaient des colloques publics qui duraient deux heures – on les appelait les heures péripatétiques – et tous ceux qui vivaient dans la bibliothèque y étaient invités. Sam avait rencontré Isaac à l'une de ces séances, mais généralement il s'en tenait éloigné, jugeant les chercheurs de peu d'intérêt sinon par ce qu'ils représentaient eux-mêmes en tant que phénomène – encore un aspect de la vie dans la ville. La plupart d'entre eux étaient engagés dans des travaux plutôt ésotériques : recherche de parallèles entre les événements actuels et des événements de la littérature classique, analyses statistiques des tendances démographiques, composition d'un nouveau dictionnaire et ainsi de suite. Sam n'avait cure de ce genre de choses, mais il s'efforçait de rester en bons termes avec tout le monde, car il savait que les chercheurs peuvent devenir haineux quand ils pensent qu'on se moque d'eux. J'ai appris à connaître un bon nombre d'entre eux d'une manière plutôt informelle – en faisant la queue avec mon seau devant l'évier du sixième étage, en échangeant des tuyaux sur la nourriture avec d'autres femmes, en écoutant les ragots – mais j'ai suivi le conseil de Sam et je ne me suis impliquée avec aucun d'entre eux, gardant une réserve amicale mais distante.

A part Sam, la seule personne à qui je parlais était le rabbin. Pendant le premier mois, environ, je lui ai rendu visite chaque fois que j'en ai eu la possibilité – si j'avais une heure de libre en fin d'après-midi, par exemple, ou bien dans un de ces rares moments où Sam était perdu dans son livre et où il ne restait plus de corvée à faire. Le rabbin était souvent occupé avec ses disciples, ce qui voulait dire qu'il n'avait pas toujours du temps à me consacrer, mais nous avons réussi à nous ménager plusieurs bonnes discussions. Ce dont je me souviens le mieux, c'est d'une remarque qu'il m'a adressée au cours de ma dernière visite. Je l'ai trouvée tellement saisissante sur le moment que j'ai continué à y penser depuis lors. Chaque juif, a-t-il dit, croit qu'il appartient à la dernière génération de juifs. Nous sommes toujours au bout, toujours au bord du moment ultime, et pourquoi devrions-nous aujourd'hui nous attendre à autre chose ? Peut-être me suis-je si bien rappelé ces paroles parce que je ne l'ai jamais plus revu après cette conversation. La fois suivante, quand je suis descendue au troisième étage, le rabbin était parti, et quelqu'un d'autre avait pris sa place dans la salle

anna garde sa relation avec le rabbin

– un homme mince et chauve avec des lunettes cerclées de fer. Il était assis à la table et il écrivait furieusement dans un cahier, entouré par des piles de papiers et par ce qui ressemblait à plusieurs ossements et crânes humains. Dès que j'ai pénétré dans la pièce, il a levé les yeux vers moi, et son visage a pris un air irrité, voire hostile.

On ne vous a jamais appris à frapper ? a-t-il demandé.

Je cherche le rabbin.

Le rabbin est parti, a-t-il lancé avec impatience, retroussant les lèvres et dardant sur moi un regard comme si j'étais une idiote. Tous les juifs ont plié bagage il y a deux jours.

Qu'est-ce que vous racontez ?

Les juifs ont plié bagage il y a deux jours, a-t-il répété en émettant un soupir dégoûté. Les jansénistes partent demain, et les jésuites doivent dégager lundi. Vous ne savez donc rien ?

Je n'ai pas la moindre idée de ce dont vous parlez.

Les nouvelles lois. Les groupes religieux ont perdu leur statut académique. Je ne peux pas croire que quelqu'un puisse être aussi ignorant.

Vous n'avez pas besoin d'être aussi déplaisant pour autant. Pour qui vous prenez-vous donc ?

Dujardin, a-t-il dit. Henri Dujardin. Je suis ethnographe.

Et cette salle vous appartient, à présent ?

Exactement. Cette salle est à moi.

Et les journalistes étrangers ? Est-ce que leur statut a changé, lui aussi ?

les juifs forcé de partir
statut académique

Je n'en ai pas la moindre idée. Je m'en fiche.

Je suppose que vous ne vous fichez pas de ces os et de ces crânes.

C'est juste. Je suis en train de les analyser.

A qui appartiennent-ils ?

A des cadavres anonymes. Des gens qui sont morts de froid.

Savez-vous où se trouve le rabbin ?

Sans doute en chemin vers la Terre promise, a-t-il répondu dans un sarcasme. Maintenant partez, je vous en prie. Vous m'avez assez pris de temps. J'ai un travail important à faire et je n'aime pas être interrompu. Merci. Et n'oubliez pas de fermer la porte en sortant.

Finalement, Sam et moi n'avons jamais souffert de ces lois. L'échec du Projet de Mur marin avait déjà affaibli le gouvernement, et avant qu'il ait pu s'attaquer à la question des journalistes étrangers, un nouveau régime était arrivé au pouvoir. L'expulsion des groupes religieux n'avait rien été d'autre qu'une forfanterie absurde et désespérée, une agression arbitraire contre ceux qui ne pouvaient pas se défendre. Son absolue futilité me stupéfiait, et cela rendait la disparition du rabbin d'autant plus dure à supporter. Tu vois comment sont les choses dans ce pays. Tout disparaît, les gens tout aussi sûrement que les objets, ce qui vit tout autant que ce qui est mort. J'ai pleuré la perte de mon ami, et le seul poids de ce deuil me réduisait en miettes. Il n'y avait même pas la certitude de la mort pour me consoler – rien d'autre qu'une sorte de blanc, un néant vorace.

Après cela, le livre de Sam est devenu la chose la plus importante de ma vie. J'ai pris conscience que tant que nous n'arrêtions pas d'y travailler, la notion d'un avenir possible continuerait à exister pour nous. Sam avait essayé de m'expliquer cela le premier jour, mais à présent je le comprenais toute seule. J'ai accompli toutes les tâches nécessaires – le classement des pages, la révision des interviews, la transcription de leur version finale, la réécriture d'une copie nette du manuscrit. Il aurait certes été préférable d'avoir une machine à écrire, mais Sam avait vendu la sienne – un modèle portatif – plusieurs mois auparavant, et nous n'avions aucun moyen de nous en payer une autre. Il était déjà assez difficile comme ça de garder un approvisionnement suffisant de crayons et de stylos. Les pénuries hivernales avaient fait grimper les prix à des niveaux records, et sans les six crayons que je possédais déjà – ainsi que les deux stylos-bille que j'avais trouvés par hasard dans la rue – nous aurions peut-être été à court de matériel. Nous avions du papier en abondance (Sam en avait emmagasiné douze rames le jour où il avait emménagé), mais les bougies constituaient un autre problème pour notre travail. La lumière du jour nous était nécessaire si nous ne voulions pas trop dépenser, mais nous nous trouvions en plein hiver, avec le soleil qui décrivait un maigre petit arc dans le ciel en

Finir le livre = porte de sorti pour anna donc très important quelques brèves heures, et à moins que nous n'acceptions de voir le livre prendre un temps infini, il nous fallait faire certains sacrifices. Nous avons essayé de nous limiter à quatre ou cinq cigarettes par soirée, et Sam a fini par laisser à nouveau pousser sa barbe. Les lames de rasoir représentaient quand même un luxe, et il a fallu arriver à faire un choix entre un visage lisse pour lui ou des jambes lisses pour moi. Les jambes ont gagné haut la main.

De jour comme de nuit, il fallait des bougies quand on se rendait dans les rayons. Les livres étaient situés au cœur du bâtiment, et il n'y avait donc de fenêtres dans aucun des murs. Comme l'électricité était coupée depuis longtemps, nous n'avions pas d'autre solution que de transporter notre éclairage. A une époque, disait-on, il y avait eu plus d'un million de volumes dans la Bibliothèque nationale. Ce nombre avait été fortement réduit avant mon arrivée, mais il en restait encore des centaines de mille, et c'était une avalanche imprimée ahurissante. Il y avait des livres posés droit sur leur étagère tandis que d'autres jonchaient chaotiquement le plancher et que d'autres encore étaient amoncelés en tas désordonnés. Il y avait bien un règlement de la bibliothèque – et il était rigoureusement appliqué – qui interdisait de sortir les livres hors du bâtiment, mais un grand nombre d'entre eux avaient néanmoins été dérobés et vendus au marché noir. De toute façon, on pouvait se poser la question de savoir si la bibliothèque en était encore une. Le système de classement avait été complètement chamboulé, et, avec tant de volumes déplacés, il était virtuellement impossible de trouver un ouvrage qu'on aurait précisément recherché. Si on considère qu'il y avait sept étages de rayonnages, dire qu'un livre n'était pas à sa place revenait à déclarer qu'il avait cessé d'exister. Même s'il était physiquement présent dans ces locaux, le fait était que personne ne le retrouverait plus jamais. J'ai fait la chasse à un certain nombre de vieux registres municipaux que voulait Sam, mais la plupart de mes incursions dans ces locaux n'avaient d'autre but que de ramasser des livres au hasard. Je n'aimais pas beaucoup me trouver là, car je ne savais jamais sur qui je pouvais tomber et je devais respirer cette humidité froide avec son odeur de pourriture moisie. J'entassais autant d'ouvrages que je pouvais sous mes deux bras et je remontais à toute vitesse dans notre chambre. Les livres nous ont servi à nous chauffer pendant cet hiver. En l'absence de toute autre sorte de combustible, nous les brûlions dans le poêle en fonte pour faire de la chaleur. Je sais que ça a l'air épouvantable, mais nous n'avions pas vraiment le choix. C'était, soit cela, soit mourir de froid. L'ironie de la chose ne m'échappe pas – passer tous ces mois à travailler à un livre en même temps que nous brûlions des centaines d'autres ouvrages pour nous tenir chaud. Ce qu'il y a de curieux, c'est que je n'en ai jamais éprouvé de regret. Pour être franche, je crois que j'avais en fait du plaisir à jeter ces livres dans les flammes.

réchauffe avec les livre

Anna fouille pour trouver registre
mais prend n'importe quoi

Peut-être cela libérait-il quelque colère secrète en moi ; ou peut-être était-ce simplement une façon de reconnaître que ce qui leur arrivait n'avait pas d'importance. Le monde auquel ils avaient appartenu était révolu, et au moins ils étaient à présent utilisés à quelque chose. La plupart ne valaient d'ailleurs pas qu'on les ouvre : des romans sentimentaux, des recueils de discours politiques, des manuels périmés. Chaque fois que je trouvais quelque chose qui me paraissait consommable, je le mettais de côté et je le lisais. Parfois, lorsque Sam était épuisé, je lui faisais la lecture avant qu'il s'endorme. Je me souviens d'avoir ainsi parcouru des parties d'Hérodote et, un soir, j'ai lu le curieux petit livre que Cyrano de Bergerac a écrit sur ses voyages dans la Lune et le Soleil. Mais en fin de compte tout aboutissait au poêle, tout partait en fumée.

Rétrospectivement, je crois encore que ça aurait pu marcher pour nous. Nous aurions fini le livre, et tôt ou tard nous aurions trouvé un moyen de rentrer chez nous. S'il n'y avait eu cette erreur stupide que j'ai commise à la fin de l'hiver, je pourrais être assise en face de toi à l'heure qu'il est, en train de te raconter cette histoire de vive voix. Le fait que ma bévue ait été innocente n'en diminue pas la douleur. J'aurais dû être plus avisée, et parce que j'ai agi impulsivement, que j'ai accordé ma confiance à quelqu'un alors que je n'avais aucune raison de le faire, j'ai entièrement détruit ma vie. Je ne dramatise pas, en disant cela. J'ai tout détruit par ma propre bêtise, et nul n'est à blâmer à part moi-même.

C'est arrivé de la façon suivante. Peu après le Nouvel An, j'ai découvert que j'étais enceinte. Ne sachant pas comment Sam allait prendre la nouvelle, je la lui ai cachée quelque temps, mais un jour j'ai été saisie d'un méchant accès de nausée matinale – j'avais des sueurs froides, j'ai vomi par terre –, et j'ai fini par lui dire la vérité. A mon étonnement, Sam en a été heureux, peut-être même plus que moi. Ce n'est pas que je n'aie pas voulu cet enfant, comprends-tu, mais je ne pouvais pas m'empêcher d'avoir peur, et il y avait des moments où je sentais mes nerfs me lâcher, où la pensée de donner naissance à un bébé dans ces conditions me paraissait pure folie. Autant j'étais inquiète, cependant, autant Sam était enthousiaste. Il était réellement revigoré par l'idée de devenir père, et petit à petit il a apaisé mes doutes, m'amenant à considérer ma grossesse comme un bon présage. L'enfant signifie que nous avons été épargnés, disait-il. Nous avions fait basculer les chances en notre faveur, et désormais tout serait différent. En créant ensemble un enfant, nous avions rendu possible l'émergence d'un monde nouveau. Je n'avais encore jamais entendu Sam parler ainsi. Des sentiments si courageux, si idéalistes – j'étais presque choquée d'entendre de telles choses venir de lui. Ce qui ne signifiait pas que je ne les aimais pas. Je les aimais tant qu'en fait je me suis mise à y croire.

Anna enceinte Sam content, anna peur

Sam positif et rassure anna

Surtout je ne voulais pas le décevoir. Malgré quelques mauvaises matinées les premières semaines, ma santé est restée bonne, et j'ai tenu à assumer ma part de travail exactement comme avant. A la mi-mars il y a eu des signes montrant que l'hiver commençait à perdre de sa rigueur : les tempêtes éclataient un peu moins souvent, les périodes de dégel duraient un peu plus longtemps, la température ne semblait plus plonger aussi bas la nuit. Je ne veux pas dire qu'il s'était mis à faire doux, mais il y avait de nombreux petits indices laissant penser que les choses allaient dans ce sens, une sensation – si modeste fût-elle – que le pire était passé. Par un coup de chance, c'est juste vers cette période que mes souliers ont lâché – ceux-là mêmes qu'Isabelle m'avait donnés si longtemps auparavant. Je ne saurais calculer combien de kilomètres j'avais parcourus avec eux. Ils m'accompagnaient depuis plus d'un an, absorbant chaque pas que je faisais, me suivant dans tous les coins de la ville, et voilà qu'à présent ils étaient complètement fichus : les semelles étaient trouées, le dessus partait en lambeaux, et même si je faisais mon possible pour colmater les trous avec du papier journal, ils ne pouvaient affronter les rues mouillées, et, inévitablement, j'avais les pieds trempés chaque fois que je sortais. C'est arrivé une fois de trop, je suppose, et, un des premiers jours d'avril, j'ai été terrassée par un rhume. C'était un spécimen parfait, avec les douleurs et les frissons, la gorge enflée, les éternuements, toute la panoplie. Sam

température meilleur, soulier d'Isa pu bon et anna tombe malade était tellement impliqué dans ma grossesse que ce rhume l'a inquiété jusqu'à le rendre hystérique. Il a tout lâché pour s'occuper de moi, rôdant autour du lit comme une infirmière folle, gaspillant de l'argent pour des articles extravagants tels que du thé et des soupes en boîte. Je me suis rétablie en l'espace de trois ou quatre jours, mais après cela Sam a fixé la loi. Jusqu'à ce que nous trouvions une nouvelle paire de chaussures pour moi, a-t-il dit, il ne voulait pas que je mette le pied dehors. Il ferait lui-même toutes les courses. Je lui ai répondu que c'était ridicule, mais il a tenu bon et il ne m'a pas laissée le dissuader.

Ce n'est pas parce que je suis enceinte que je vais être traitée comme une invalide, ai-je dit.

Ce n'est pas toi, ce sont les souliers. Chaque fois que tu sortiras, tes pieds vont se mouiller. Le prochain rhume pourrait ne pas être aussi facile à guérir, et que nous arriverait-il si tu tombais malade ?

Puisque tu es si inquiet, pourquoi ne me prêtes-tu pas tes chaussures quand je sors ?

Elles sont trop grandes. Tu flotterais dedans comme un gosse, et tôt ou tard tu tomberais. Et alors ? Dès que tu serais par terre, quelqu'un te les arracherait des pieds.

Ce n'est pas ma faute si j'ai des petits pieds. Je suis née comme ça.

Tu as de beaux pieds, Anna. Les orteils les plus mignonnets qu'on ait jamais inventés. J'adore ces pieds. J'embrasse le sol qu'ils foulent. C'est la raison pour laquelle ils doivent être protégés. Nous

Sam prend soin de anna et anna veux faire les course mais sam veux pas devons nous assurer qu'ils ne subissent jamais de dommage.

Les semaines qui ont suivi ont été difficiles pour moi. J'ai vu Sam perdre son temps à des choses que j'aurais facilement pu faire moi-même, et le livre n'a presque pas avancé. J'étais ulcérée de penser qu'une misérable paire de chaussures pouvait être la cause de tant d'ennuis. Le bébé commençait à peine à se voir, et je me sentais comme une grosse bête inutile, une princesse idiote qui restait enfermée toute la journée pendant que son seigneur et chevalier allait péniblement livrer bataille. Si seulement je pouvais trouver des souliers, me disais-je constamment, la vie pourrait alors redémarrer. Je me suis mise à poser des questions autour de moi, à interroger les gens pendant que je faisais la queue à l'évier, et il m'est aussi arrivé de descendre dans le hall et de me rendre aux heures péripatétiques avec l'espoir d'y trouver quelqu'un qui pourrait m'aiguiller. Il n'en est rien sorti, mais un jour je suis tombée sur Dujardin dans le couloir du sixième étage, et il s'est aussitôt lancé dans une discussion avec moi, bavardant comme si nous étions deux vieilles connaissances. Je m'étais tenue à l'écart de Dujardin depuis notre première rencontre dans la salle du rabbin, et cette affabilité soudaine chez lui m'a paru bizarre. Dujardin était une petite fouine pédante, et pendant tous ces derniers mois il m'avait évitée aussi soigneusement que je l'avais fait de mon côté. A présent il était tout sourires et bienveillante sollicitude. J'ai entendu

Anna veux nouveau soulier pour aider Sam

Dujardin lui lance la discussion

dire que vous avez besoin de souliers, a-t-il dit. Si c'est le cas, je suis peut-être en mesure de vous apporter un peu d'aide.

J'aurais dû comprendre tout de suite que quelque chose n'allait pas, mais la mention du mot "souliers" m'a fait perdre l'équilibre. Je les voulais si désespérément, vois-tu, qu'il ne m'est pas venu à l'esprit de m'interroger sur ses motivations.

Voilà ce qu'il en est, a-t-il dit en poursuivant son bavardage. J'ai un cousin qui a des relations dans le, hmmh, comment dirais-je, dans le commerce des ventes et des achats. D'objets utilisables, donc, des articles de consommation, des choses de ce genre. Il arrive que des chaussures croisent son chemin – celles que je porte, par exemple – et je ne pense pas qu'il serait absurde de supposer qu'il en ait d'autres en réserve en ce moment. Puisqu'il se trouve que je vais chez lui ce soir, ça ne serait rien, absolument rien pour moi de prendre des renseignements pour voir. Il faut, bien sûr, que je sache votre pointure – hmmh, pas grande, me semble-t-il – et combien vous voulez dépenser. Mais il s'agit là de détails, de simples détails. Si nous pouvons fixer une heure pour nous rencontrer demain, il se peut que j'aie quelque information pour vous. Après tout, chacun a besoin de chaussures, et si j'en juge par l'aspect de ce que vous avez aux pieds, je comprends pourquoi vous cherchez autour de vous. Des lambeaux et des guenilles. Ça ne peut pas aller, pas avec le temps que nous avons ces jours-ci.

Dujardin vient en aide a anna mais .

Cela est louche

Je lui ai dit ma pointure, la somme que je pouvais dépenser, puis nous avons pris rendez-vous pour le lendemain après-midi. Tout onctueux qu'il fût, je ne pouvais m'empêcher de penser que Dujardin faisait un effort pour paraître gentil. Sans doute recevait-il une ristourne sur les affaires qu'il ramenait à son cousin, mais je ne voyais là rien de mal. Nous avons tous besoin de gagner de l'argent d'une façon ou d'une autre, et s'il avait une combine ou deux sous le manteau, tant mieux pour lui. J'ai réussi à ne rien dire à Sam de cette rencontre pendant le reste de la journée. Il n'était absolument pas évident que le cousin de Dujardin ait quelque chose pour moi, mais si l'affaire avait lieu, je voulais que ce soit une surprise. J'ai fait de mon mieux pour ne pas compter dessus. Nos fonds s'étaient réduits à moins de cent glots, et le chiffre que j'avais mentionné à Dujardin était ridiculement bas : à peine onze ou douze glots, me semble-t-il, ou même dix. En revanche, il n'avait pas tiqué devant ma proposition, ce qui me paraissait être un signe encourageant. Cela suffisait en tout cas à nourrir mes espoirs, et pendant les vingt-quatre heures qui ont suivi, j'ai tourbillonné dans des remous d'anticipation.

Nous nous sommes rencontrés le lendemain à deux heures, à l'angle nord-ouest du grand hall. Dujardin est arrivé en portant un sac en papier brun, et dès que je l'ai aperçu j'ai compris que ça avait marché. Je crois que nous avons de la chance, a-t-il dit en prenant mon bras avec l'air

Dj trouve soulier pour anna, elle n'a rien dit à sam

d'un conspirateur et en me menant derrière une colonne de marbre où personne ne pouvait nous voir. Mon cousin avait une paire dans votre pointure, et il veut bien la céder pour treize glots. Je suis désolé de ne pas avoir pu faire baisser le prix davantage, mais j'ai fait de mon mieux. Etant donné la qualité de la marchandise, c'est encore une excellente affaire. En se tournant vers le mur de façon à me montrer son dos, Dujardin a extrait avec précaution un soulier du sac. C'était une chaussure de marche marron, pour le pied gauche. Les matériaux étaient manifestement authentiques, et la semelle était faite d'un caoutchouc solide, durable, d'aspect confortable. C'était parfait pour affronter les rues de la ville. De surcroît, ce soulier était dans un état pratiquement neuf. Essayez-le, a proposé Dujardin. Voyons s'il va bien. Il allait bien. Debout, avec mes orteils qui se tortillaient contre la surface lisse de la semelle intérieure, j'ai éprouvé un plaisir tel que je n'en avais pas connu depuis longtemps. Vous m'avez sauvé la vie, ai-je dit. Pour treize glots, l'affaire est conclue. Donnez-moi l'autre chaussure et je vous paie tout de suite. Mais Dujardin a paru hésiter, et puis, avec un air gêné sur son visage, il m'a montré que le sac était vide. Est-ce une plaisanterie ? ai-je demandé. Où est l'autre soulier ?

Je ne l'ai pas avec moi, a-t-il répondu.

Tout ça n'est qu'une minable petite mise en scène, n'est-ce pas ? Vous m'appâtez en me mettant une bonne chaussure sous le nez, vous me

Anna aime les souliers mais DJ a un seul soulier, anna panique faites verser l'argent d'avance et puis vous me refilez une godasse toute pourrie pour l'autre pied. C'est ça, hein ? Eh bien je suis désolée, mais je ne vais pas tomber dans ce piège. Vous n'aurez pas un seul glot de moi jusqu'à ce que j'aie vu l'autre soulier.

Non, mademoiselle Blume, vous n'y êtes pas. Ce n'est pas ça du tout. L'autre chaussure est dans le même état que celle-ci, et personne ne vous demande dc payer d'avance. Malheureusement, c'est la façon qu'a mon cousin de faire du commerce. Il insiste pour que vous veniez en personne à son bureau achever l'opération. J'ai essayé de l'en dissuader, mais il n'a pas voulu m'écouter. A un prix aussi bas, prétend-il, il n'y a pas de place pour un intermédiaire.

Vous voulez me faire croire que votre cousin ne peut pas vous confier treize glots ?

Ça me met dans une position très embarrassante, je l'admets. Mais mon cousin est un homme très dur. Il ne fait confiance à personne quand il s'agit d'affaires. Vous pouvez vous imaginer comment je me suis senti lorsqu'il m'a dit ça. Il a mis en doute mon intégrité, et la pilule est amère, je vous le garantis.

Si vous n'y gagnez rien, pourquoi avez-vous pris la peine de venir à notre rendez-vous ?

Je vous avais fait une promesse, mademoiselle Blume, et je ne voulais pas me renier. Ça n'aurait servi qu'à prouver que mon cousin avait raison, et je dois penser à ma dignité, voyez-vous, j'ai ma

le cousin de Dj veux conclure la transaction avec anna

fierté. Ce sont là des choses plus importantes que l'argent.

Le jeu de Dujardin était impressionnant. Il ne présentait pas de défaut, pas la moindre faille qui permette de croire qu'il puisse être autre chose qu'un homme aux sentiments profondément blessés. J'ai pensé : Il veut rester dans les bonnes grâces de son cousin, et c'est pour cela qu'il accepte de me rendre ce service. C'est un test pour lui, et s'il le réussit, son cousin l'autorisera à conclure des affaires tout seul. Tu vois à quel point j'ai essayé d'être astucieuse. Je croyais avoir été plus fine que Dujardin et, du coup, je n'ai pas eu l'intelligence d'avoir peur.

C'était un après-midi chatoyant. Du soleil partout, et le vent qui nous transportait presque dans ses bras. Je me sentais comme quelqu'un qui vient de sortir d'une longue maladie – retrouvant à nouveau cette lumière et sentant mes jambes qui se déplaçaient au-dessous de moi à l'air libre. Nous avons marché à vive allure, esquivant de nombreux obstacles, virant avec agilité autour des tas de débris laissés par l'hiver, et c'est à peine si nous avons échangé une parole pendant tout le trajet. Il n'y avait pas de doute que le printemps était sur le point de s'installer, mais des plaques de neige et de glace apparaissaient encore dans l'ombre projetée par le côté des bâtiments ; et dans les rues, là où le soleil était le plus fort, de larges ruisseaux s'élançaient entre les pierres déterrées et les bouts de chaussée désagrégée. Au bout de dix minutes, mes chaussures

en route pour aller voir le cousin

Anna contente d'être sorti dehors

n'étaient qu'une lamentable bouillie, à l'intérieur comme à l'extérieur : mes chaussettes étaient trempées, mes orteils mouillés, froids et gluants à cause des infiltrations. Ça peut paraître curieux, de mentionner ces détails à présent, mais c'est ce qui ressort avec le plus de vivacité de cette journée : le bonheur du trajet, la sensation d'élévation, presque d'enivrement que procurait le mouvement. Ensuite, lorsque nous sommes parvenus à destination, les choses se sont déroulées trop vite pour que je m'en souvienne. Si je les revois à présent, c'est seulement en petits groupes surgis au hasard, en images isolées, coupées de tout contexte, en éclats de lumière et d'ombre. C'est ainsi que l'immeuble ne m'a pas laissé d'impression. Je me rappelle qu'il était situé au bord du quartier des entrepôts, dans la huitième zone de recensement, non loin de l'endroit où autrefois Ferdinand avait son atelier d'enseignes peintes – mais ce n'est que parce que Isabelle m'avait un jour montré du doigt cette rue en passant, et j'ai eu le sentiment d'être en terrain familier. Il se pourrait que j'aie été trop distraite pour enregistrer la surface des choses, trop perdue dans mes propres pensées pour songer à quoi que ce soit d'autre qu'à la joie de Sam quand je rentrerais. Par conséquent, la façade de l'immeuble reste pour moi un blanc. Il en va de même pour la façon dont j'ai passé la porte d'entrée et gravi plusieurs étages. C'est comme si ces choses n'avaient jamais eu lieu, bien que je sache pertinemment qu'elles ont existé. La première image qui m'apparaisse avec une

endroit familier mais cela reste tout de même un blanc pour anna quelconque netteté, c'est le visage du cousin de Dujardin. Pas tellement son visage, peut-être, mais la façon que j'ai eue de remarquer qu'il portait les mêmes lunettes cerclées de fer que Dujardin, et le fait que je me sois demandé – très brièvement, à peine une minuscule fraction de seconde – s'ils les avaient tous deux achetées à la même personne. Je ne crois pas avoir posé mes yeux sur ce visage plus d'une seconde ou deux, car à ce moment précis, lorsqu'il s'est avancé vers moi la main tendue, une porte s'est ouverte derrière lui – par accident, semble-t-il, car le bruit des charnières en mouvement a fait passer son expression de la cordialité à une inquiétude aussi soudaine qu'extrême, et il s'est aussitôt retourné pour la fermer sans se soucier de me serrer la main – et c'est à cet instant que j'ai compris que j'avais été trompée, que ma visite ici n'avait rien à voir avec des souliers ou de l'argent ou quelque commerce que ce soit. Car juste à ce moment-là, dans le minuscule laps de temps qui s'était écoulé avant qu'il refermât la porte, j'avais pu voir distinctement quelque chose à l'intérieur de l'autre pièce, et je ne pouvais pas me tromper sur ce que j'y avais aperçu : trois ou quatre corps humains suspendus tout nus à des crochets de boucherie, tandis qu'un homme penché sur une table se servait d'une hachette pour découper les membres d'un autre cadavre. Des rumeurs avaient circulé dans la bibliothèque, affirmant qu'il existait maintenant des abattoirs humains, mais je ne les avais pas crues. A présent, du fait que la porte

anna c'est fait pieser et

ce retrouve dans un abattoirs d'humain

derrière le cousin de Dujardin s'était accidentellement ouverte, je pouvais avoir un aperçu du sort que ces hommes m'avaient réservé. Je crois qu'en cet instant je me suis mise à hurler. Parfois je peux même m'entendre en train de crier répétitivement le mot "assassins". Mais cela n'a pas pu durer bien longtemps. Il m'est impossible de reconstruire mes pensées à partir de ce moment-là, impossible de savoir si j'avais même la moindre pensée. J'ai vu une fenêtre à ma gauche et je me suis ruée dessus. Je me souviens d'avoir vu Dujardin et son cousin se jeter en avant sur moi, mais j'ai franchi en plein élan leurs bras tendus et je suis passée par la fenêtre en la fracassant. Je me rappelle le bruit du verre qui vole en éclats et de l'air qui me fouette le visage. La chute doit avoir été longue. Assez longue en tout cas pour que je me rende compte que je tombais. Assez longue pour que je sache qu'au moment où je heurterais le sol je serais morte.

Petit à petit je m'efforce de te raconter ce qui est arrivé. Ce n'est pas ma faute s'il y a des trous dans ma mémoire. Certains événements refusent de réapparaître, et je peux batailler tant que je veux, je suis impuissante à les déterrer. Je dois m'être évanouie au moment où j'ai touché le sol, mais je n'ai aucun souvenir de douleur ni de l'endroit où je suis tombée. Si on veut aller au fond de l'affaire, la seule chose dont je puisse être certaine c'est que je ne suis pas morte. C'est un fait qui continue à m'abasourdir.

souvenir flou sauté par la fenêtre de très haut, évanouie

Plus de deux ans après être tombée de cette fenêtre, je ne comprends toujours pas comment j'ai réussi à survivre.

Je gémissais lorsqu'ils m'ont soulevée, m'ont-ils dit, mais plus tard je suis restée inerte, respirant tout juste encore, émettant à peine le moindre son. Beaucoup de temps s'est écoulé. Ils ne m'ont jamais dit combien, mais j'ai cru comprendre que c'était plus d'un jour, peut-être jusqu'à trois ou quatre. Lorsque j'ai enfin ouvert les yeux, m'ont-ils dit, c'était moins un rétablissement qu'une résurrection, un surgissement absolu hors du néant. Je me rappelle avoir remarqué un plafond au-dessus de moi et m'être demandé comment j'avais pu arriver à l'intérieur d'une maison, mais l'instant suivant j'ai été transpercée de douleur – dans ma tête, le long de mon côté droit, dans mon ventre – et je souffrais tellement que j'en suffoquais. J'étais dans un lit, un véritable lit avec des draps et des oreillers, mais la seule chose que je pouvais faire était de rester allongée et de gémir tandis que la douleur me parcourait tout le corps. Une femme est soudain apparue dans mon champ de vision, elle baissait les yeux vers moi avec un sourire sur son visage. Elle avait autour de trente-huit ou quarante ans, avec des cheveux bruns ondulés et de grands yeux verts. En dépit de mon état à ce moment-là, je pouvais constater qu'elle était belle – peut-être était-ce la femme la plus belle que j'aie vue depuis que j'étais arrivée dans la ville.

Vous devez avoir très mal, a-t-elle dit.

se réveille dans une maison avec une femme et anns a très mal

Ce n'est pas la peine d'en sourire, ai-je répondu. Je ne suis pas d'humeur à sourire. Dieu sait d'où me venait un tel tact, mais la douleur était si abominable que j'avais prononcé les premières paroles qui m'étaient venues à l'esprit. La femme n'a cependant pas semblé vexée, et elle a gardé le même sourire réconfortant.

Je suis heureuse de voir que vous êtes vivante, a-t-elle dit.

Vous voulez dire que je ne suis pas morte ? Il faudra que vous me le prouviez avant que je le croie.

Vous avez un bras cassé, deux ou trois côtes fracturées et une vilaine bosse sur la tête. Pour l'heure, cependant, il semble que vous soyez en vie. Votre langue en est une preuve suffisante, à mon avis.

Qui êtes-vous donc ? ai-je demandé en refusant d'abandonner mon irritabilité. L'ange de la miséricorde ?

Je suis Victoria Woburn. Et nous sommes dans la résidence Woburn. Nous aidons les gens, ici.

Les jolies femmes n'ont pas le droit d'être médecins. C'est interdit par le règlement.

Je ne suis pas médecin. Mon père l'était, mais il est mort à présent. C'est lui qui a mis en place la résidence Woburn.

Un jour, j'ai entendu quelqu'un parler de cet endroit. J'ai cru qu'il inventait.

Ça arrive. Il est devenu difficile de savoir ce qu'on peut croire.

Est-ce vous qui m'avez amenée ici ?

Non, c'est M. Frick. M. Frick et son petit-fils Willie. Ils sortent avec la voiture tous les mercredis après-midi pour faire leur tournée. Tous ceux qui ont besoin de soins ne sont pas capables de venir par leurs propres moyens, vous comprenez, c'est pourquoi nous allons à leur rencontre. Nous essayons de faire entrer de cette manière au moins une personne nouvelle par semaine.

Vous voulez dire qu'ils m'ont trouvée par accident ?

Ils passaient en voiture lorsque vous avez dégringolé par la fenêtre.

Je n'essayais pas de me suicider, ai-je dit en me défendant. Il ne faut pas que vous vous fassiez des idées biscornues à ce sujet.

Les Sauteurs ne se jettent pas des fenêtres. Ou s'ils le font, ils prennent bien soin de les ouvrir d'abord.

Je ne me suiciderais en aucun cas, ai-je dit en parlant fort pour souligner mon affirmation, mais, au moment même où j'ai prononcé ces paroles, une vérité obscure a commencé à poindre en moi. Je ne me suiciderais en aucun cas, ai-je répété. Je vais avoir un bébé, vous comprenez, et pourquoi une femme enceinte voudrait-elle se suicider ? Il faudrait qu'elle soit folle, pour faire une telle chose.

A la façon dont son visage a changé d'expression, j'ai tout de suite compris ce qui s'était passé. Je le savais sans qu'on me l'ait dit. Mon bébé n'était plus en moi. Il n'avait pas pu supporter la chute, et à présent il était mort. Je ne peux pas te dire à quel point tout est devenu lugubre dès cet instant. C'était une misère animale brute qui m'empoignait, et elle ne contenait aucune image, aucune pensée, absolument rien à voir ou à penser. Je dois m'être mise à pleurer avant qu'elle ait prononcé un mot de plus.

C'est déjà un miracle que vous ayez réussi à être enceinte, a-t-elle dit en me caressant la joue de sa main. Ici, il ne naît plus de bébés. Vous le savez autant que moi. Ça ne s'est pas produit depuis des années.

Ça m'est égal, ai-je répondu avec colère, essayant de parler entre les sanglots. Vous vous trompez. Mon enfant allait vivre. Je sais que mon enfant allait vivre.

A chaque convulsion de ma poitrine, mes côtes étaient déchirées de douleur. J'ai tenté d'étouffer ces éclats, mais cela ne les rendait que plus intenses. Je m'efforçais tant de rester calme que j'ai été saisie de tremblements qui ont déclenché à leur tour une série de spasmes insupportables. Victoria a essayé de me consoler, mais je ne voulais pas de son réconfort. Je ne voulais pas que quelqu'un me réconforte. S'il vous plaît, allez-vous-en, ai-je fini par dire. Je ne veux personne ici, à présent. Vous avez été très gentille envers moi, mais j'ai besoin de rester seule.

Il a fallu longtemps avant que mes blessures s'améliorent. Les coupures sur mon visage sont parties sans laisser trop de traces irréversibles (une cicatrice sur le front et une autre près de la tempe), et mes côtes se sont réparées avec le temps. Le bras cassé, en revanche, ne s'est pas ressoudé comme il faut et me cause toujours pas mal d'ennuis : des douleurs quand je le remue trop brusquement ou dans le mauvais sens, et je ne peux plus l'étendre complètement. J'ai gardé les pansements sur ma tête pendant presque un mois ; les bosses et les écorchures sont passées, mais il m'en est resté une sorte de mal de tête latent : des migraines comme des coups de couteau qui me poignardent n'importe quand, une douleur sourde de temps à autre qui m'élance dans la nuque. Quant aux autres coups reçus, j'hésite à en parler. Mon utérus est une énigme, et je n'ai aucun moyen d'évaluer la catastrophe qui a eu lieu à l'intérieur.

L'atteinte physique, cependant, n'était qu'une partie du problème. Quelques heures à peine après ma première conversation avec Victoria, j'ai reçu d'autres mauvaises nouvelles, et à ce moment-là j'ai presque abandonné, j'ai presque cessé de vouloir vivre. Tôt ce soir-là, elle est revenue dans ma chambre avec un plateau de nourriture. Je lui ai dit l'urgence qu'il y avait d'envoyer quelqu'un à la Bibliothèque nationale pour avertir Sam. J'ai dit qu'il devait être inquiet à mourir et qu'il fallait que je sois avec lui tout de suite. *Tout de suite*, ai-je hurlé, il faut que je sois avec lui *tout de suite*. J'étais soudain hors de moi, sanglotant sans pouvoir me maîtriser. Willie, le garçon de quinze ans,

état d'anna s'améliore, besoin de sam et demande qu'il vienne la voir a été dépêché pour cela, mais les nouvelles qu'il a rapportées étaient accablantes. Un incendie avait éclaté dans la bibliothèque ce même après-midi, a-t-il annoncé, et le toit s'était déjà effondré. Nul ne savait comment le feu avait pris, mais à présent tout le bâtiment était en flammes, et on disait que plus de cent personnes étaient prisonnières à l'intérieur. On n'était pas certain que des gens aient pu s'échapper ; les bruits qui couraient étaient contradictoires. Mais même si Sam avait fait partie des chanceux, il n'y avait nul moyen pour Willie ou n'importe qui d'autre de le retrouver. Et s'il était mort avec les autres, alors tout était perdu pour moi. Je ne voyais pas d'autre issue. S'il était mort, je n'avais pas le droit d'être vivante. Et s'il était vivant, il était presque certain que je ne le reverrais jamais plus.

Voilà les faits que j'ai dû affronter pendant mes premiers mois à la résidence Woburn. Cette période a été sombre, pour moi, plus sombre que toute autre que j'aie jamais connue. Au début, je restais dans ma chambre à l'étage. Trois fois par jour quelqu'un venait me rendre visite : deux fois pour apporter les repas, une fois pour vider le pot de chambre. Il y avait toujours en bas un brouhaha de gens (des voix, des pas traînants, des grognements et des rires, des clameurs, des ronflements la nuit), mais j'étais trop faible et trop déprimée pour prendre la peine de sortir du lit. Je broyais du noir et je boudais, je ruminais sous les couvertures et je me mettais à pleurer de but en blanc. Le printemps

incendi dans biblio. sam on c'est pas ou il est et temps difficile pour anna était déjà arrivé, et je passais le plus clair de mon temps à regarder les nuages par la fenêtre, à inspecter la moulure qui bordait le haut des murs, à fixer les fissures du plafond. Pendant les dix ou douze premiers jours, je ne pense pas avoir même réussi à aller dans le couloir de l'autre côté de la porte.

La résidence Woburn était un hôtel particulier de cinq étages avec plus de vingt chambres – elle était située en retrait par rapport à la rue et entourée d'un petit parc privé. Elle avait été construite par le grand-père du docteur Woburn, il y avait de cela près de cent ans, et elle passait pour l'une des demeures privées les plus élégantes de la ville. Lorsquc la période des troubles avait commencé, le docteur Woburn avait été l'un des premiers à attirer l'attention sur le nombre croissant de gens sans domicile. Comme c'était un médecin respecté, issu d'une famille importante, ses déclarations avaient reçu beaucoup de publicité, et il avait vite été de bon ton, dans les milieux riches, de soutenir sa cause. On avait organisé des dîners de gala et des bals pour les bonnes œuvres, ainsi que d'autres réceptions mondaines, et finalement un certain nombre d'immeubles dans la ville avaient été convertis en centres d'hébergement. Le docteur Woburn avait abandonné sa pratique médicale privée pour administrer ces centres pour itinérants, comme on les appelait, et tous les matins il s'y rendait dans sa voiture conduite par un chauffeur Il s'entretenait avec les résidents de ces foyers et

histoire de la résidence

leur apportait toute l'aide médicale qu'il pouvait. Il était devenu une sorte de légende dans la ville, réputé pour sa bonté et son idéalisme, et chaque fois qu'on parlait de la barbarie de l'époque, on mentionnait son nom pour prouver qu'il était encore possible d'accomplir de nobles actions. Mais c'était il y a longtemps, quand personne encore ne croyait que les choses puissent se désintégrer au point qu'elles ont fini par atteindre. A mesure que les conditions empiraient, le succès du projet du docteur Woburn était sapé. La population des sans-logis grandissait fortement, en progression géométrique, et l'argent pour financer les abris diminuait dans une proportion identique. Les riches disparaissaient, filant hors du pays avec leur or et leurs diamants, et ceux qui restaient ne pouvaient plus se permettre d'être généreux. Le docteur avait dépensé de grosses sommes sur ses fonds propres pour les centres d'hébergement, mais cela ne les avait pas empêchés de ne plus pouvoir tourner, et, les uns après les autres, ils avaient dû fermer. Un autre que lui aurait peut-être abandonné, mais il avait refusé de laisser les choses se terminer ainsi. S'il ne pouvait sauver des milliers de gens, disait-il, peut-être pouvait-il en sauver des centaines, et, sinon des centaines, alors peut-être vingt ou trente. Le nombre n'avait plus d'importance. Trop de choses s'étaient déjà passées, et il savait que tous les secours qu'il prodiguerait ne seraient que symboliques – un geste contre la ruine totale. Cela s'est passé il y a six ou sept ans, et le docteur Woburn avait déjà largement plus de soixante ans. Avec le soutien de sa fille, il a alors décidé d'ouvrir sa maison à des étrangers, convertissant les deux premiers étages de l'hôtel familial en un ensemble formant hôpital et foyer. Ils ont acheté des lits, des fournitures pour la cuisine, et petit à petit ils ont usé les derniers avoirs de la fortune des Woburn pour maintenir ce centre. Lorsque l'argent liquide a été épuisé, ils se sont mis à vendre les bijoux de famille et les meubles anciens, vidant graduellement les pièces des étages supérieurs. Grâce à des efforts permanents et éreintants, ils ont été en mesure d'héberger entre dix-huit et vingt-quatre personnes à tout moment. Les indigents ont été autorisés à rester dix jours ; ceux qui étaient très gravement malades pouvaient demeurer plus longtemps. A chacun était attribué un lit propre et deux repas chauds par jour. Ce qui ne résolvait rien, évidemment, mais donnait au moins aux hébergés un répit dans leurs ennuis, une occasion de reprendre force avant de repartir. "Nous ne pouvons pas faire grand-chose, disait le docteur, mais le peu qui est en notre pouvoir, nous le faisons."

Le docteur Woburn était déjà mort, depuis quatre mois exactement, lorsque je suis arrivée à la résidence Woburn. Victoria et les autres faisaient de leur mieux pour continuer sans lui, mais certains changements s'étaient avérés nécessaires – en particulier quant au côté médical, puisqu'il n'y avait personne capable d'accomplir le travail du médecin. Victoria tout comme M. Frick étaient des

cmt sa se passe par la résidence depuis l'apocalypse

infirmiers compétents, mais de là à pouvoir établir des diagnostics et prescrire des traitements, il y avait fort loin. Je pense que cela aide à comprendre pourquoi ils m'ont soignée avec tant d'attention. Parmi toutes les personnes blessées qui avaient été transportées dans la résidence depuis la mort du docteur, j'étais la première chez qui leurs soins avaient eu un résultat, la première à manifester des signes de guérison. Dans ce sens, je servais à justifier leur détermination de ne pas fermer la résidence. J'étais leur cas réussi, l'exemple lumineux de ce qu'ils étaient encore capables de réaliser ; pour cette raison ils m'ont dorlotée aussi longtemps que mon état a paru l'exiger, ils m'ont choyée quand j'étais d'humeur sombre, ils m'ont accordé tous les bénéfices du doute.

M. Frick me croyait réellement ressuscitée des morts. Il avait longtemps travaillé comme chauffeur du médecin (quarante et un ans, m'a-t-il dit), et il avait vu de près plus de vies et de morts que la plupart des gens n'en voient jamais. A l'entendre, il n'y avait jamais eu de cas comme le mien. "Ah ça non, mademoiselle, disait-il. Vous étiez déjà dans l'autre monde. Ça, je l'ai vu de mes yeux propres. Morte vous et puis vous revenue à la vie." M. Frick avait une façon bizarre de parler, peu grammaticale, et il mélangeait souvent ses idées quand il essayait de les exprimer. Je ne crois pas que cela ait eu quelque chose à voir avec la qualité de son esprit – c'était simplement que les mots lui donnaient du fil à retordre. Il avait du mal à les manœuvrer autour de sa langue, et il lui arrivait de

Signe de guérison pour anna
anna "encourage" la famille a continuer

buter dessus comme s'il s'agissait d'objets solides, de pierres littérales obstruant sa bouche. De ce fait, il paraissait particulièrement sensible aux propriétés des mots en eux-mêmes : de leur son en tant que distinct du sens, de leurs symétries et de leurs contradictions. "Les mots sont ceux qui me disent comment connaître, m'a-t-il un jour expliqué. C'est pourquoi je suis devenu si vieux. Je m'appelle Otto. Ça va et ça revient pareil. Sans fin nulle part mais ça recommence. Comme ça, je peux vivre deux fois, deux fois plus longtemps que personne. Aussi vous, mademoiselle. Vous avez un nom comme moi. A-n-n-a. Ça va et ça revient pareil, comme Otto pour moi. C'est pourquoi vous êtes renée. C'est une bénédiction de la chance, mademoiselle Anna. Morte vous, et je vous ai vue renée de mes yeux propres. C'est une grande et bonne bénédiction de la chance."

Il y avait quelque chose d'impassible dans la grâce de ce vieil homme, avec sa posture droite, mince et osseuse, et ses bajoues couleur d'ivoire. Sa fidélité à l'égard du docteur Woburn était sans faille, et même à présent il continuait à entretenir la voiture qu'il avait conduite pour lui – une ancienne Pierce Arrow de seize cylindres avec des marchepieds et des sièges recouverts de cuir. Cette automobile noire, vieille de cinquante ans, avait représenté la seule extravagance du médecin, et tous les mardis soir, quelle que fût la quantité de travail à faire par ailleurs, Frick se rendait au garage derrière la résidence et passait au moins deux

otto : anna revenu a vie

loyauté envers Woburn

heures à l'astiquer et à la nettoyer, la préparant le mieux possible pour la tournée du mercredi après-midi. Il avait fait subir au moteur une adaptation lui permettant de marcher au méthane, et c'était sans doute à cette adresse qu'il avait dans les mains que la résidence Woburn devait principalement de ne pas s'être désintégrée. Il avait réparé la plomberie, installé des douches, creusé un nouveau puits. Ces améliorations, et d'autres de diverses natures, avaient permis à la maison de continuer à fonctionner même aux périodes les plus difficiles. Son petit-fils, Willie, travaillait avec lui comme assistant pour tous ces projets, le suivant en silence d'une tâche à l'autre, petite forme morose et rabougrie dans un sweat-shirt vert à capuchon. L'intention de Frick était d'apprendre assez de choses au garçon pour qu'il puisse lui succéder après sa mort, mais Willie ne semblait pas être un élève particulièrement doué. "Rien à craindre, m'a expliqué Frick un jour, à ce sujet. Willie nous le formons lentement. D'aucune façon, pas besoin de précipitation là-dessus. Quand j'arrive à rendre mon bulletin de naissance, lui déjà devenu vieillard."

C'est Victoria, cependant, qui s'est le plus intéressée à moi. J'ai déjà mentionné l'importance qu'avait pris pour elle ma guérison, mais je crois qu'il y avait encore autre chose. Elle était avide d'avoir quelqu'un avec qui parler, et quand mes forces ont commencé à revenir, elle s'est mise à monter me voir plus souvent. Depuis la mort de son père, elle était restée toute seule avec Frick et

victoria prend soin de anna

Willie, dirigeant le centre et s'occupant de ce qu'il y avait à faire, mais il n'y avait eu personne avec qui elle pût partager ses pensées. Petit à petit, il a semblé que je devenais cette personne. Il ne nous était pas difficile de nous parler, et, notre amitié grandissant, j'ai compris combien de choses nous avions en commun. Il est vrai que je n'étais pas issue d'un milieu aussi riche que Victoria, mais mon enfance avait été facile, pleine de splendeurs et d'avantages bourgeois, et j'avais vécu avec le sentiment que tous mes désirs étaient dans le domaine du possible. J'avais fréquenté de bonnes écoles et j'étais capable de parler de livres. Je connaissais la différence entre un beaujolais et un bordeaux, et je comprenais pourquoi Schubert était un plus grand compositeur que Schumann. Si on considère le monde dans lequel Victoria était née, dans l'hôtel particulier des Woburn, j'étais certainement plus près d'un membre de sa classe que tous ceux qu'elle avait rencontrés depuis des années. Je ne veux pas suggérer que Victoria fût snob. L'argent en soi ne l'intéressait pas, et elle avait tourné le dos, depuis longtemps, à ce qu'il représentait. Il y avait seulement que nous avions un certain langage en commun, et quand elle me parlait de son passé, je la comprenais sans être obligée de demander des explications.

Elle a été mariée deux fois – d'abord brièvement, "une alliance sociale brillante", comme elle le dit sarcastiquement, puis à un homme qu'elle mentionnait en l'appelant Tommy, bien que je n'aie jamais appris son nom de famille. Apparemment il

point commun victo et anna

amitié de + en +

s'agissait d'un avocat, et ensemble ils ont eu deux enfants, une fille et un garçon. Lorsque les Désordres ont commencé, cet homme a été de plus en plus pris par la politique. D'abord il a travaillé comme sous-secrétaire du parti Vert (il y a eu une période ici où toutes les appartenances politiques étaient désignées par des couleurs), puis, lorsque le parti Bleu a absorbé les membres de son organisation dans une alliance stratégique, il a été le coordinateur urbain de la moitié ouest de la ville. Au moment des premiers soulèvements contre les Péagistes, il y a de cela onze ou douze ans, il a été coincé dans une des émeutes de la perspective Néron et abattu d'une balle par un policier. Après la mort de Tommy, le doteur Woburn a pressé Victoria de quitter le pays avec ses enfants (qui, à l'époque, avaient à peine trois et quatre ans), mais elle a refusé. Au lieu de cela, elle a envoyé les enfants, avec les parents de Tommy, vivre en Angleterre. Elle ne voulait pas faire partie de ceux qui avaient abandonné et s'étaient enfuis, a-t-elle déclaré, mais elle ne voulait pas non plus faire subir à ses enfants les désastres qui allaient nécessairement se produire. Il existe des décisions que personne ne devrait jamais être obligé de prendre, me semble-t-il, des choix qui constituent simplement un poids trop lourd pour l'esprit. Quoi qu'on fasse en fin de compte, on le regrettera et on continuera à le regretter pour le restant de ses jours. Les enfants sont partis pour l'Angleterre, et pendant une année, voire deux, Victoria a réussi à rester en contact avec eux par courrier. Puis le système postal a commencé à se

histoire de victoria

désintégrer. Les communications sont devenues sporadiques et imprévisibles – une angoisse permanente faite d'attente, de messages jetés aveuglément à la mer –, et puis à la fin elles se sont complètement arrêtées. C'était il y a huit ans. Pas un mot n'est arrivé depuis lors, et Victoria a depuis longtemps abandonné tout espoir d'avoir encore de leurs nouvelles.

Je mentionne ces choses pour te montrer les similitudes dans ce que nous avons toutes les deux vécu, les liens qui ont contribué à former notre amitié. Les gens qu'elle aimait s'étaient évanouis de sa vie tout aussi durement que ceux que j'aimais s'étaient évanouis de la mienne. Nos maris et nos enfants, son père et mon frère – tous avaient disparu dans la mort et l'incertitude. Lorsque j'ai été assez bien portante pour m'en aller (mais où étais-je donc censée aller ?), il a paru tout naturel qu'elle me propose de rester à la résidence Woburn pour travailler dans l'équipe. Ce n'était pas une solution que j'avais souhaitée pour moi-même mais, étant donné les circonstances, je ne voyais pas d'autre possibilité. La philosophie de bienfaisance qui régnait ici me mettait un peu mal à l'aise – l'idée de prêter assistance à des étrangers, de se sacrifier à une cause. Le principe en était trop abstrait pour moi, trop sérieux, trop altruiste. Le livre de Sam avait représenté quelque chose en quoi je pouvais croire, mais Sam avait été mon amoureux, ma vie, et je me demandais si j'avais en moi ce qu'il fallait pour me dédier à des gens que je ne connaissais pas. Victoria a vu mon peu d'empressement, mais elle n'a pas débattu avec moi ni essayé de me faire changer d'avis. Plus que tout, c'est, je crois, cette retenue chez elle qui m'a conduite à accepter. Elle n'a pas tenu de grands discours, ni voulu me persuader que j'étais sur le point de sauver mon âme. Elle a seulement déclaré : "Il y a beaucoup de travail à faire ici, Anna, plus de travail que nous pourrons jamais espérer en accomplir. Je n'ai aucune idée de ce qui se passera dans ton cas, mais les cœurs brisés sont parfois recollés par le travail."

La besogne courante était infinie et épuisante. Il ne s'agissait pas tant d'un remède que d'un dérivatif, mais tout ce qui pouvait engourdir la douleur était pour moi bienvenu. Après tout, je ne m'attendais pas à des miracles. J'avais déjà utilisé tout mon stock de ces derniers, et je savais que désormais tout serait dans l'après-coup – une sorte de vie posthume terrible, une vie qui continuerait à m'arriver bien qu'elle fût terminée. La douleur, alors, n'a pas disparu. Mais petit à petit j'ai commencé à remarquer que je pleurais moins, que je ne trempais pas forcément l'oreiller avant de m'endormir le soir, et un jour j'ai même découvert que j'avais réussi à tenir trois heures d'affilée sans penser à Sam. Ce n'étaient là que des petits exploits, j'en conviens, mais étant donné ce qu'étaient alors les choses pour moi, je n'étais pas dans une position qui m'aurait permis de m'en moquer.

Il y avait six chambres en bas, avec trois ou quatre lits dans chacune. Au premier étage se trouvaient deux pièces privées, réservées aux cas difficiles, et c'était dans l'une d'elles que j'avais passé mes premières semaines à la résidence Woburn. Après avoir commencé à travailler, j'ai eu ma propre chambre au troisième étage. Celle de Victoria était au bout du couloir, et, juste au-dessus d'elle, il y avait une salle où vivaient Frick et Willie. La seule autre personne à travailler là habitait au rez-de-chaussée dans une pièce adjacente à la cuisine. C'était Maggie Vine, une sourde-muette sans âge précis qui servait de cuisinière et de lingère. Elle était très petite, avec des cuisses trapues et épaisses, et une figure large que couronnait une jungle de cheveux roux. A part les conversations qu'elle menait avec Victoria en langage gestuel, elle ne communiquait avec personne. Elle s'occupait de son travail dans une sorte de transe morose, accomplissant avec ténacité et efficacité toutes les tâches qui lui étaient assignées, travaillant pendant de si longues heures que je me demandais s'il lui arrivait de dormir. Il était rare qu'elle me salue ou qu'elle prenne note de ma présence, mais de loin en loin, lorsque nous nous trouvions par hasard seules toutes les deux, elle me donnait une tape sur l'épaule, se fendait d'un sourire énorme, puis se mettait à exécuter une pantomime complexe représentant une chanteuse d'opéra en train de pousser une aria – et tout y était, jusqu'aux gestes théâtraux et à la gorge qui vibrait. Puis elle faisait la révérence, répondant gracieusement aux vivats de son public imaginaire, et elle retournait brusquement à son travail, sans aucune pause ni transition. C'était absolument fou. Ça doit s'être produit six ou sept fois, mais je n'ai jamais pu savoir si elle voulait m'amuser ou m'effrayer. Pendant toutes les années qu'elle avait passées ici, m'a dit Victoria, Maggie n'avait jamais chanté pour quelqu'un d'autre.

Tout résident – c'était le nom que nous utilisions – devait accepter certaines conditions avant d'être admis à Woburn. Il était interdit de se battre ou de voler, par exemple, et il fallait consentir à mettre la main à la pâte pour les corvées : faire son lit, rapporter son assiette à la cuisine après les repas, ainsi de suite. En échange, les résidents étaient logés et nourris, recevaient des vêtements neufs, la possibilité de se doucher tous les jours, et le droit sans restriction d'utiliser les commodités de l'endroit. Dans ces dernières étaient inclus le salon du rez-de-chaussée – qui offrait plusieurs canapés et fauteuils, une bibliothèque bien fournie et des jeux divers (cartes, loto, trictrac) – ainsi que la cour derrière la maison, qui était un lieu particulièrement agréable par beau temps. Il y avait un terrain de croquet dans le coin le plus éloigné, un filet de badminton, et un grand choix de chaises de jardin. Selon tous les critères, la résidence Woburn était un havre, un refuge idyllique hors de la misère et de la saleté ambiantes. On se dit que tous ceux à qui on donnait l'occasion de passer quelques jours

la résidence a beaucoup de chose et critère pour travailler

en un tel lieu en auraient savouré chaque instant, mais cela ne paraissait pas toujours être le cas. La plupart, certes, en étaient reconnaissants, la plupart appréciaient ce qu'on faisait pour eux, mais il y en avait beaucoup d'autres qui vivaient les choses difficilement. Les disputes entre résidents éclataient fréquemment, et il semblait que presque n'importe quoi pouvait mettre le feu aux poudres : la façon qu'avait Untel de manger ou de se curer le nez, telle opinion qui se heurtait à telle autre, le fait qu'Untel toussait ou ronflait pendant que les autres essayaient de dormir – toutes les querelles mesquines qui se produisent lorsque des gens sont soudain rassemblés sous un même toit. Je suppose qu'il n'y a là rien d'extraordinaire, mais cela m'a toujours paru pathétique, comme une petite farce triste et ridicule qui se rejouerait indéfiniment. Presque tous les résidents de Woburn avaient longtemps vécu dans la rue. Peut-être le contraste entre cette vie-là et celle-ci était-il pour eux un choc insupportable. On s'habitue à s'occuper de soi-même, à ne se soucier que de son propre bien-être, et puis quelqu'un vient vous dire que vous devez coopérer avec un tas d'inconnus, avec précisément le genre de gens dont vous avez appris à vous méfier. Quand on sait qu'on sera de nouveau à la rue dans quelques jours à peine, vaut-il vraiment la peine de se démolir la personnalité pour cela ?

D'autres résidents paraissaient presque déçus de ce qu'ils trouvaient à Woburn. C'étaient ceux qui avaient tant attendu pour être admis que leurs espérances s'étaient gonflées au-delà de toute raison – faisant de la résidence Woburn un paradis terrestre, l'objet de toutes les convoitises qu'ils avaient jamais ressenties. L'idée de recevoir la permission de vivre en ce lieu leur avait servi à tenir jour après jour, mais une fois sur place ils devaient fatalement éprouver une déception. Après tout, ils n'entraient pas dans un royaume enchanté. La résidence Woburn était certes un endroit ravissant, mais elle était tout de même située dans le monde réel, et ce qu'on y trouvait n'était rien d'autre qu'un peu plus de vie – une vie meilleure, peut-être, mais pourtant rien de plus que la vie telle qu'on l'avait toujours connue. Ce qu'il y avait de remarquable, c'était la rapidité avec laquelle tout le monde s'adaptait au confort matériel qu'on y offrait – aux lits et aux douches, à la bonne nourriture et aux habits propres, à la possibilité de ne rien faire. Après deux ou trois jours à Woburn, des hommes et des femmes qui s'étaient nourris dans des poubelles pouvaient s'asseoir à une table joliment mise, devant un vrai régal, avec tout l'aplomb et le sang-froid de gros bourgeois. Peut-être n'est-ce pas aussi curieux qu'il y paraît. Tous, nous prenons les choses comme allant de soi, et lorsqu'il s'agit de données aussi élémentaires que la nourriture et le logement, de choses, donc, qui nous appartiennent sans doute par droit naturel, il ne nous faut pas longtemps pour les considérer comme des parties intégrantes de nous-mêmes. C'est seulement lorsque nous les

gens adore la vie à Woburn

et contraste entre vie extérieur et résidence

perdons que nous remarquons les choses que nous avons eues. Dès que nous les regagnons, nous arrêtons encore une fois de les remarquer. Tel était le problème de ceux qui se sentaient déçus par la résidence Woburn. Ils avaient vécu si longtemps avec la privation qu'ils ne pouvaient plus penser à quoi que ce soit d'autre, mais dès qu'ils recouvraient ce qu'ils avaient perdu, ils étaient stupéfaits de découvrir qu'aucun grand changement ne s'était produit en eux. Le monde était exactement comme il avait toujours été. Maintenant ils avaient le ventre plein, mais rien d'autre n'avait subi la moindre modification.

Nous prenions toujours grand soin de prévenir les gens des difficultés du dernier jour, mais je ne crois pas que nos conseils aient jamais fait beaucoup de bien à quiconque. On ne peut pas se préparer à une telle chose, et nous n'avions aucun moyen de prédire qui ne voudrait plus rien savoir au moment crucial. Il y avait des gens qui étaient capables de partir sans en être traumatisés, tandis que d'autres ne pouvaient pas se plier à affronter la réalité. Ils souffraient horriblement à l'idée de devoir retourner à la rue – surtout ceux qui étaient aimables et doux, ceux qui éprouvaient le plus de gratitude pour l'aide que nous leur avions accordée – et il y avait des moments où je me demandais sérieusement si tout cela valait la peine, si en fait il n'aurait pas été préférable de ne rien faire plutôt que de tendre aux gens des présents que nous allions leur arracher des mains un instant

après le séjour en résidence peur de réaffronter la rue

plus tard. Il y avait dans ce processus une cruauté fondamentale, et la plupart du temps je trouvais cela intolérable. Voir des hommes et des femmes adultes tomber soudain à genoux et vous implorer de leur accorder un jour de plus. Assister aux pleurs, aux hurlements, aux supplications échevelées. Certains simulaient des maladies – tombant dans des syncopes pareilles à la mort, faisant semblant d'être paralysés –, tandis que d'autres allaient jusqu'à se blesser sciemment : ils se tailladaient les poignets, ils s'entaillaient les jambes avec des ciseaux, ils s'amputaient de doigts ou d'orteils. Puis, à l'extrême limite, il y avait les suicides, au moins trois ou quatre dont j'ai le souvenir. Nous étions censés aider les gens, à la résidence Woburn, mais il arrivait parfois qu'en fait nous les détruisions. Le dilemme est pourtant gigantesque. A partir du moment où on accepte l'idée qu'il peut y avoir quelque chose de bon dans un endroit comme Woburn, on s'enfonce dans un marécage de contradictions. Il ne suffit pas d'affirmer sans plus que les résidents devraient être autorisés à rester davantage – surtout si on a l'intention d'être juste. Car, que fait-on de tous les autres qui se pressent dehors et attendent leur chance d'entrer ? Pour chaque personne occupant un lit à Woburn, il y en avait des douzaines qui suppliaient d'être admises. Que vaut-il mieux – aider un peu un grand nombre de gens, ou aider beaucoup un petit nombre ? Je ne crois pas vraiment qu'il y ait de réponse à cette question. Le docteur Woburn avait

blessure ou suicide intentionnel

des personnes qui doivent quitté

lancé l'œuvre dans un certain esprit, et Victoria était déterminée à s'y conformer jusqu'au bout. Ce qui ne signifiait pas forcément que la direction était bonne. Mais cela ne la rendait pas mauvaise non plus. Le problème n'était pas tant dans la méthode que dans la nature du problème lui-même. Il y avait trop de gens à aider et pas assez de gens pour les aider. L'arithmétique était accablante, implacable dans les ravages qu'elle provoquait. On pouvait travailler tant qu'on voulait, il n'y avait aucune possibilité de ne pas échouer. C'était là, de près comme de loin, toute l'affaire. Sauf si on acceptait la totale futilité de ce travail, il était absurde de s'y livrer.

Le plus clair de mon temps était pris par des entrevues avec les candidats résidents ; je portais leur nom sur une liste et j'organisais un calendrier pour les entrants. Ces entretiens avaient lieu entre neuf heures du matin et une heure de l'après-midi. En moyenne je parlais avec vingt ou vingt-cinq personnes par jour. Je les voyais séparément, l'une après l'autre, dans le vestibule de devant. Comme des incidents très pénibles avaient éclaté dans le passé – des agressions violentes, des groupes qui avaient tenté de pénétrer en forçant la porte –, il devait toujours y avoir un garde armé en faction pendant le déroulement des entretiens. Frick se tenait debout sur les marches d'entrée, une carabine à la main, et surveillait la foule pour s'assurer que la file avançait normalement et qu'il ne se produisait rien d'incontrôlable. Le nombre de gens devant

Ce que fait Anna pdt qu'elle travail —17

la maison pouvait être ahurissant, surtout pendant les mois où il faisait chaud. Il n'était pas rare de voir à n'importe quel moment entre cinquante et soixante-quinze personnes là, dans la rue. Ce qui signifiait que la plupart de ceux à qui je parlais avaient attendu entre trois et six jours rien que pour avoir la possibilité d'une entrevue. Ils avaient dormi sur le trottoir, avançant centimètre par centimètre dans la queue, restant obstinément là jusqu'à ce que leur tour arrive enfin. Un par un, ils entraient d'un pas mal assuré pour me voir – un flot sans fin ni trêve. Ils s'asseyaient en face de moi sur la chaise recouverte de cuir rouge, de l'autre côté de la table, et je leur posais toutes les questions nécessaires. Nom, âge, situation familiale, profession antérieure, dernière adresse permanente, ainsi de suite. Cela ne prenait jamais plus de deux ou trois minutes, mais rare était l'entretien qui s'arrêtait là. Ils voulaient tous me raconter leur histoire, et je ne pouvais faire autrement qu'écouter. C'était chaque fois un récit différent, et pourtant c'était finalement toujours le même. Les enchaînements de malchances, les erreurs de calcul, le poids toujours plus fort des circonstances. Nos vies ne sont rien de plus que la somme de multiples aléas, et, si diverses soient-elles dans leurs détails, elles partagent toutes une contingence essentielle dans leur trame : ceci puis cela, et, à cause de cela, ceci. Un jour je me suis réveillé et j'ai vu. Je m'étais fait mal à la jambe et je ne pouvais donc pas courir assez vite. Ma femme a dit, ma mère est tombée, mon mari a oublié. J'entendais ces histoires par centaines, et il y avait des moments où je me disais que je ne pouvais plus le supporter. Il fallait que je montre de la sympathie, que j'approuve à tous les endroits voulus, mais l'attitude sereine et professionnelle que j'essayais de maintenir n'était qu'une faible défense contre les choses que j'entendais. Je n'étais pas faite pour recueillir les histoires de filles qui avaient travaillé en tant que prostituées dans les Cliniques d'euthanasie. Je n'étais pas taillée pour écouter des mères me raconter comment leurs enfants étaient morts. C'était trop horrible, trop impitoyable, et tout ce que je pouvais faire était de me cacher derrière un masque professionnel. Je portais le nom du candidat sur la liste et je lui donnais une date – à deux, trois, voire quatre mois de distance. Nous devrions avoir un coin pour vous à ce moment-là, disais-je. Lorsque arrivait le jour de leur entrée à la résidence Woburn, c'était moi qui m'occupais de les accueillir. C'était ma tâche principale tous les après-midi : je guidais les nouveaux venus dans la maison, je leur expliquais le règlement et je les aidais à s'installer. La plupart d'entre eux parvenaient à tenir le rendez-vous que je leur avais fixé quelques semaines auparavant, mais certains ne se présentaient pas. Il n'était jamais très difficile de deviner pourquoi. Notre ligne de conduite était de garder en attente le lit de cette personne pendant un jour entier. Si elle ne se manifestait toujours pas, j'ôtais son nom de la liste.

anna trouve difficile d'entendre histoire et tâche principal accueillir résidant

Le fournisseur de la résidence Woburn était un homme du nom de Boris Stepanovich. C'était lui qui nous apportait la nourriture dont nous avions besoin, les pains de savon, les serviettes, les équipements difficiles à trouver. Il passait jusqu'à quatre ou cinq fois par semaine, livrant ce que nous avions demandé et emportant encore un trésor de la succession Woburn : une théière en porcelaine, un ensemble de voiles de fauteuils, un violon ou un cadre de tableau – tous les objets qui avaient été entreposés dans les pièces du quatrième étage et qui continuaient à fournir l'argent liquide grâce auquel la résidence Woburn tournait encore. Victoria m'avait dit que Boris Stepanovich était un de leurs familiers depuis longtemps, depuis l'époque des premiers centres d'hébergement du docteur Woburn. Les deux hommes semblaient s'être connus encore de nombreuses années auparavant, et, compte tenu de ce que j'avais appris au sujet du docteur, j'étais étonnée qu'il eût pu entretenir des relations d'amitié avec un personnage aussi douteux que Boris Stepanovich. Je crois que ça avait quelque chose à voir avec le fait que le docteur avait un jour sauvé la vie de Boris, ou c'était peut-être l'inverse. J'ai entendu différentes versions de cette histoire, et je n'ai jamais pu savoir laquelle était vraie.

Boris Stepanovich était un homme rondelet, d'âge mûr, qui paraissait presque gros selon les critères de la ville. Il avait un penchant pour les vêtements tape-à-l'œil (chapeaux de fourrure, cannes, fleurs à la boutonnière), et, dans son visage rond et parcheminé, quelque chose me faisait penser à un chef indien ou à un potentat oriental. Tout en lui dénotait un certain chic, même sa façon de fumer – il tenait la cigarette fermement entre le pouce et l'index, avalant la fumée avec une nonchalance élégante et paradoxale, puis la rejetait par ses volumineuses narines comme de la vapeur sortant d'une bouilloire. Il était souvent difficile de suivre sa conversation, et en le connaissant mieux j'ai appris à m'attendre à pas mal de confusion dès que Boris Stepanovich ouvrait la bouche. Il avait une prédilection pour les sentences obscures et les allusions elliptiques, et il enjolivait de simples remarques par des images si fleuries qu'on se perdait vite à vouloir le comprendre. Boris détestait qu'on le prenne au mot, et il utilisait le langage comme un moyen de locomotion – toujours en mouvement, toujours à foncer et à feinter, à se déplacer en cercle, à disparaître pour réapparaître soudain ailleurs. A un moment ou un autre, il m'a raconté tant d'histoires sur lui-même, m'a présenté tant de versions contradictoires de sa vie, que j'ai cessé de faire l'effort d'y croire. Un jour il m'assurait qu'il était né dans cette ville et y avait toujours vécu. Le lendemain, comme s'il avait oublié son récit de la veille, il me racontait qu'il était né à Paris et qu'il était le fils aîné d'émigrés russes. Puis, changeant à nouveau de cap, il m'avouait que Boris Stepanovich n'était pas son véritable nom. A la suite de problèmes pénibles qu'il avait eus dans sa jeunesse avec la police turque, il avait

Description Boris

assumé une nouvelle identité. Depuis lors, il avait si souvent changé de nom qu'il ne pouvait plus se rappeler lequel était réellement le sien. Peu importe, disait-il. Un homme doit vivre selon l'instant, et qui se soucie de ce que tu étais le mois dernier du moment que tu sais qui tu es aujourd'hui ? A l'origine, déclarait-il, il avait été un Indien algonquin, mais, après la mort de son père, sa mère avait épousé un comte russe. Quant à lui, il ne s'était jamais marié, ou alors il avait été marié trois fois – selon la version qui lui convenait sur le moment. Chaque fois que Boris Stepanovich se lançait dans une de ses histoires autobiographiques, c'était toujours pour prouver une chose ou une autre – comme si en se réclamant de sa propre expérience il pouvait prétendre à une autorité irréfutable sur n'importe quel sujet. Pour la même raison, il avait exercé tous les métiers imaginables, de la plus humble tâche manuelle jusqu'aux responsabilités directoriales les plus prestigieuses. Il avait été laveur de vaisselle, jongleur, vendeur de voitures, professeur de littérature, pickpocket, agent immobilier, rédacteur dans un journal et gérant d'un grand magasin spécialisé en haute couture féminine. J'en oublie sans doute d'autres, mais tu vois bien ce que je veux dire. Boris Stepanovich ne s'attendait jamais réellement à ce qu'on le croie, mais en même temps il ne traitait pas ses inventions comme des mensonges. Elles s'intégraient au projet presque conscient qu'il avait de se fabriquer un monde plus agréable – un monde qui pouvait

Boris invente des histoire sur sa vie

varier selon ses caprices et qui n'était pas sujet à ces lois et à ces sinistres nécessités qui nous enfonçaient tous. Si cela ne faisait pas de lui un réaliste au sens strict du terme, il n'était quand même pas du genre à se faire des illusions. Boris Stepanovich n'était pas vraiment le vantard combinard qu'il paraissait être, et, sous son esbroufe et sa cordialité, perçait toujours un brin d'autre chose – une perspicacité, peut-être, la conscience d'une compréhension plus profonde. Je n'irais pas jusqu'à dire que c'était quelqu'un de bien (dans le sens où Isabelle et Victoria étaient "bien"), mais Boris avait ses propres règles et il s'y tenait. A la différence de tous ceux que j'ai rencontrés ici, il réussissait à flotter au-dessus des circonstances. La famine, le meurtre, les pires formes de cruauté – c'étaient des choses près desquelles, ou même au milieu desquelles il passait sans qu'elles paraissent jamais vraiment l'atteindre. C'était comme s'il avait imaginé d'avance toutes les éventualités, et comme si, du coup, il n'était jamais surpris par ce qui arrivait. Ce que cette attitude avait d'inhérent, c'était un pessimisme si profond, si implacable, si totalement en accord avec la réalité, qu'en fait Boris Stepanovich en devenait gai.

Une ou deux fois par semaine, Victoria me demandait d'accompagner Boris Stepanovich dans ses tournées à travers la ville – ses "expéditions d'achat-vente", comme il les appelait. Ce n'était pas que je puisse vraiment l'aider, mais j'étais toujours heureuse d'avoir l'occasion de quitter mon travail,

anna va des fois avec Boris
pour ses tournées et descriptions
sur Boris plus profonde

ne serait-ce que quelques heures. Victoria comprenait cela, me semble-t-il, et elle prenait soin de ne pas trop me surmener. Je restais d'humeur maussade, et en général je continuais à être dans un état d'esprit fragile – facilement irritée, renfrognée et renfermée sans raison apparente. Boris Stepanovich était sans doute pour moi un bon antidote, et j'ai commencé à attendre avec plaisir nos petites excursions comme une façon de rompre la monotonie de mes pensées.

Je n'ai jamais pris part aux tournées d'approvisionnement de Boris (dans lesquelles il trouvait la nourriture pour la résidence Woburn, et se débrouillait pour dénicher les choses que nous lui commandions), mais je l'ai souvent observé alors qu'il s'occupait de vendre des objets dont Victoria avait décidé de se détaire. Il prenait une ristourne de dix pour cent sur ces ventes, mais à le voir agir on aurait cru qu'il travaillait entièrement pour lui-même. Boris avait pour règle de ne jamais revenir chez le même agent de Résurrection plus d'une fois par mois. Par conséquent, nous faisions de grands parcours à travers la ville, prenant chaque fois une direction différente, nous aventurant souvent dans des territoires que je n'avais encore jamais vus. Jadis, Boris avait possédé une voiture – une Stutz Bearcat, prétendait-il –, mais l'état des rues était devenu trop peu fiable à son goût, et désormais il faisait tous ses voyages à pied. Fourrant sous son bras l'objet que Victoria lui avait donné, il improvisait un itinéraire à mesure que nous avancions, s'assurant toujours que nous évitions les foules. Il m'emmenait dans des ruelles dérobées et des sentiers déserts, enjambant adroitement la chaussée défoncée et naviguant au milieu des nombreux périls et chausse-trappes, virant tantôt à gauche, tantôt à droite, sans jamais briser le rythme de sa marche. Il se déplaçait avec une agilité surprenante pour un homme de sa corpulence, et j'avais souvent du mal à garder la même allure que lui. En se fredonnant des chansons, en dégoisant sur une chose ou une autre, Boris avançait en dansant, avec une bonne humeur agitée, tandis que je trottais derrière. Il semblait connaître tous les agents de Résurrection, et pour chacun il avait une mise en scène différente : poussant la porte et faisant irruption les bras ouverts chez les uns, se faufilant furtivement chez les autres. Chaque personnalité présente un point faible, et Boris plantait son boniment en plein dedans. Si un agent avait un penchant pour la flatterie, Boris le flattait ; si un agent aimait le bleu, Boris lui donnait un objet bleu. Certains affectionnaient les comportements cérémonieux, d'autres préféraient jouer les copains, d'autres encore s'en tenaient strictement aux affaires. Boris se prêtait à leurs caprices à tous et mentait effrontément sans le moindre scrupule. Mais cela faisait partie du jeu, et Boris n'a jamais cru, ne serait-ce qu'un instant, qu'il ne s'agissait pas d'un jeu. Ses histoires n'avaient ni queue ni tête, mais il les inventait si vite, il donnait des détails si élaborés, il parlait avec une telle conviction qu'il était difficile de ne pas se trouver aspiré dans le tourbillon. "Mon cher monsieur, disait-il ainsi, regardez soigneusement cette tasse à thé. Prenez-la en main, si vous le voulez bien. Fermez les yeux, portez-la à vos lèvres, et imaginez-vous en train d'y boire du thé – exactement comme moi il y a trente et un ans, dans le salon de la comtesse Oblomov. J'étais jeune en ce temps-là, j'étudiais la littérature à l'université, et j'étais mince, si incroyable que ça paraisse, mince et élégant, avec une belle tête bouclée. La comtesse était la femme la plus ravissante de Minsk, une jeune femme aux charmes surnaturels. Le comte, héritier de la grande fortune des Oblomov, avait été tué en duel – une affaire d'honneur qu'il n'est pas utile de discuter ici – et vous pouvez vous imaginer l'effet que cela avait eu sur les hommes qui fréquentaient le cercle de la comtesse. Ses prétendants étaient devenus légion ; ses salons suscitaient la jalousie de tout Minsk. Une telle femme, cher ami, l'image de sa beauté ne m'a jamais quitté : ses cheveux d'un roux flamboyant ; sa poitrine blanche et palpitante ; ses yeux qui étincelaient d'esprit – et, oui, un soupçon, à peine perceptible, de perversité. C'était assez pour vous rendre fou. Nous rivalisions d'effort pour attirer son attention, nous l'adorions, nous écrivions des poèmes pour elle, nous étions tous éperdument amoureux. Et pourtant c'est moi, le jeune Boris Stepanovich, c'est moi qui ai réussi à gagner les faveurs de cette singulière tentatrice. Je vous le dis en toute modestie. Si vous aviez pu me voir alors, vous auriez compris comment c'était possible. Il y a eu des rendez-vous dans des coins retirés de la ville, des rencontres au cœur de la nuit, des visites secrètes à ma mansarde (elle traversait les rues avec un déguisement), et il y a eu cet été, long et plein de ravissements, que j'ai passé comme invité dans son domaine de campagne. La comtesse me submergeait tant elle était généreuse – et pas seulement de sa personne, ce qui m'aurait amplement suffi, je vous l'assure, plus que suffi ! mais de cadeaux qu'elle apportait avec elle, de gentillesses sans fin dont elle me comblait. Les œuvres de Pouchkine reliées en cuir. Un samovar en argent. Une montre en or. Tant de choses que je ne saurais les énumérer toutes. Parmi elles se trouvait un service à thé de facture exquise qui avait appartenu jadis à un membre de la cour de France (le duc de Fantômas, me semble-t-il), et je n'utilisais ce service que lorsqu'elle venait me voir, le préservant pour ces occasions où, poussée par la passion, elle se lançait à travers les rues de Minsk couvertes de neige pour se jeter dans mes bras. Hélas, le temps a été cruel. Le service a subi l'assaut des ans : les sous-tasses se sont fêlées, les tasses se sont brisées, un monde s'est perdu. Et pourtant, malgré tout cela, un seul vestige a survécu, un ultime lien au passé. Traitez-le avec douceur, cher ami. Vous tenez mes souvenirs dans votre main."

Son astuce, me semble-t-il, était de pouvoir donner vie aux choses inertes. Boris Stepanovich éloignait les agents de Résurrection des objets eux-mêmes, les forçant à entrer dans un domaine où ce qui était à vendre n'était plus la tasse à thé mais la comtesse Oblomov elle-même. Il n'importait pas que ces histoires fussent vraies ou pas. A partir du moment où la voix de Boris entrait en œuvre, elle suffisait à brouiller complètement les fils. Cette voix constituait sans doute sa meilleure arme. Il possédait un registre superbe de modulations et de timbres, et dans ses discours il virevoltait sans cesse entre des sons durs et d'autres plus doux, permettant aux mots de monter et de retomber alors que sa bouche les déversait en barrages de syllabes aussi denses qu'étroitement entrelacées. Boris avait un faible pour les expressions rebattues et les sentiments de convention littéraire, mais, en dépit de tout ce que son langage avait de mort, ses histoires possédaient une vivacité remarquable. L'éloquence était tout, et Boris n'hésitait pas à utiliser tous les trucs, même les plus vils. S'il le fallait, il versait de vraies larmes. S'il le fallait, il cassait un objet par terre. Un jour, pour démontrer quelle confiance il mettait dans un service de verres d'aspect fragile, il a jonglé avec eux pendant plus de cinq minutes. J'étais toujours légèrement gênée par ces mises en scène, mais il était indubitable qu'elles marchaient. Le prix suit l'offre et la demande, après tout, et la demande pour des antiquités de valeur n'était pas vraiment très forte. Seuls les riches pouvaient se les offrir – les profiteurs du marché noir, les courtiers en ordures, les agents de Résurrection eux-mêmes – et Boris aurait eu tort de mettre l'accent sur leur utilité. Le fond de l'affaire était qu'il s'agissait d'extravagances, d'objets à posséder parce qu'ils remplissaient une fonction, celle de symboliser le pouvoir et la richesse. D'où les histoires sur la comtesse Oblomov et les ducs du XVIIIe siècle en France. Lorsqu'on achetait un vase ancien à Boris Stepanovich, on ne recevait pas seulement un vase mais tout un monde comme garniture.

L'appartement de Boris était situé dans un petit immeuble de l'avenue Turquoise, à dix minutes, pas plus, de la résidence Woburn. Lorsque nous avions fini de traiter avec les agents de Résurrection, nous y allions souvent prendre une tasse de thé. Boris aimait beaucoup le thé, et, généralement, il servait quelques pâtisseries pour l'accompagner – délice scandaleux provenant de la maison du Gâteau, boulevard Windsor : des choux à la crème, des petits pains briochés à la cannelle, des éclairs au chocolat, le tout acquis à un coût exorbitant. Boris ne pouvait cependant pas résister à ces menues satisfactions, et il les savourait lentement, accompagnant sa mastication d'un grondement musical ténu au fond de sa gorge, un courant de fond sonore qui se situait quelque part entre le rire et le soupir prolongé. Je prenais également plaisir à ces thés, mais moins pour la pâtisserie que pour l'insistance que mettait Boris à la partager avec moi. Mon amie la jeune veuve est trop mince et pâlotte, disait-il. Il faut que nous mettions un peu plus de chair sur ses os, que nous ramenions l'éclat de la rose sur les joues et dans les yeux de mademoiselle Anna Blume elle-même. Il m'était difficile de ne pas prendre plaisir à être traitée de cette manière, et par moments j'avais le sentiment que toute l'effervescence de Boris n'était qu'une pantomime qu'il jouait à mon intention. Les uns après les autres, il assumait les rôles de clown, de coquin et de philosophe, mais, plus je le connaissais, plus je percevais ces rôles comme des aspects d'une seule personnalité qui déployait ses diverses armes dans la tentative de me ramener à la vie. Nous sommes devenus des amis très chers, et je garde envers Boris une dette pour sa compassion, pour les attaques obliques et persistantes qu'il a lancées contre les bastions de ma tristesse.

L'appartement était un minable logis de trois pièces, entièrement encombré par des années d'entassement de choses – de la vaisselle, des habits, des valises, des couvertures, des tapis, tout un bric-à-brac. Dès qu'il rentrait chez lui, Boris se retirait dans sa chambre, ôtait son costume qu'il pendait soigneusement dans l'armoire, et mettait un vieux pantalon, des pantoufles et sa robe de chambre. Ce dernier vêtement était un souvenir assez fantastique de l'ancien temps : un long machin fait de velours rouge, avec un col et des revers de manche en hermine, complètement en loques à présent qu'il avait des trous de mites dans les manches et des effilochures tout le long du dos – mais Boris le portait avec son panache habituel.

Après avoir lissé en arrière les mèches de ses cheveux de plus en plus clairsemés et s'être aspergé le cou d'eau de Cologne, il entrait d'un pas digne dans le salon poussiéreux et encombré pour préparer le thé.

La plupart du temps, il me régalait d'anecdotes sur sa vie, mais il y avait d'autres fois où nous regardions diverses choses de la pièce et nous parlions – les boîtes de bibelots, les bizarres petits trésors, les résidus d'un millier d'"expéditions d'achat-vente". Boris était particulièrement fier de sa collection de chapeaux, qu'il rangeait dans un grand bahut de bois près de la fenêtre. Je ne sais pas combien il en avait là-dedans, mais je dirais deux ou trois douzaines et peut-être davantage. Parfois il en choisissait deux que nous mettions en prenant notre thé. Ce jeu l'amusait beaucoup, et j'avoue que j'y prenais aussi plaisir ; je serais pourtant fort embarrassée si je devais expliquer pourquoi. Il y avait des chapeaux de cow-boys et des melons, des fez et des casques coloniaux, des mortiers carrés et des bérets – toutes les sortes de couvre-chefs qu'on puisse imaginer. Chaque fois que je demandais à Boris pourquoi il les collectionnait, il me donnait une réponse différente. Un jour il disait que le port d'une coiffure faisait partie de sa religion. A un autre moment, il expliquait que tous ses chapeaux avaient appartenu à des membres de sa famille, et qu'il les portait pour communier avec l'âme de ses ancêtres décédés. En mettant un chapeau, disait-il, il recevait les qualités spirituelles de son ancien propriétaire. Et il est vrai qu'il avait donné un nom à chacune de ses coiffures, mais j'interprétais ces noms davantage comme la projection des sentiments personnels qu'il nourrissait à l'égard des chapeaux que comme la représentation de personnes ayant réellement existé. Le fez, par exemple, était oncle Abduhl. Le melon était sir Charles. Le mortier carré était professeur Salomon. Dans une autre circonstance, cependant, alors que j'avais de nouveau abordé ce sujet, Boris m'a expliqué qu'il aimait porter des chapeaux parce qu'ils empêchaient ses pensées de s'envoler loin de sa tête. Si nous en mettions tous deux en buvant notre thé, nous aurions nécessairement une conversation plus intelligente et plus entraînante. "*Le chapeau influence le cerveau*, a-t-il déclaré en passant au français. *Si on protège la tête, la pensée n'est plus bête* *."

Il n'y a eu qu'une seule occasion où Boris a paru baisser sa garde, et c'est l'entretien dont je me souviens le mieux, celui qui ressort à présent avec le plus de relief. Il pleuvait, cet après-midi-là – un déluge sinistre qui durait toute la journée –, et j'ai lambiné plus que d'habitude, peu encline à quitter la chaleur de l'appartement pour revenir à la résidence Woburn. Boris était d'humeur curieusement pensive, et pendant la plus grande partie de la visite c'était moi qui avais alimenté la conversation. Juste au moment où j'ai enfin trouvé

* En français dans le texte. *(N.d.T.)*

le courage de mettre mon manteau et de dire au revoir (je me souviens de l'odeur de laine humide, des reflets des bougies sur la fenêtre, de l'intériorité de cet instant – semblable à celle d'une cave), Boris m'a pris la main et l'a tenue serrée dans la sienne, me regardant avec un sourire sardonique et énigmatique.

Tu dois comprendre que tout cela est une illusion, ma chère, a-t-il dit.

Je ne suis pas sûre de savoir ce que tu veux dire, Boris.

La résidence Woburn. Elle est bâtie sur une fondation de nuages.

Elle me semble parfaitement solide. J'y suis tous les jours, tu sais, et la maison n'a encore jamais changé de place. Elle n'a même pas vacillé.

Jusqu'à présent, c'est vrai. Mais donne-lui encore quelque temps et tu verras de quoi je parle.

Et c'est combien, quelque temps ?

Le temps qu'il faut. Les pièces du quatrième étage n'ont qu'une capacité limitée, vois-tu, et tôt ou tard il n'y aura plus rien à vendre. Le fonds commence déjà à être mince – et une fois qu'une chose est partie il n'y a aucun moyen de la récupérer.

Est-ce donc si épouvantable ? Tout a une fin, Boris. Je ne vois pas pourquoi la résidence Woburn serait différente.

Ça t'est facile de le dire. Mais qu'en est-il de Victoria ?

Victoria n'est pas idiote. Je suis certaine qu'elle a pensé à cela elle-même.

Victoria est aussi têtue. Elle tiendra jusqu'au dernier glot, et puis elle ne sera pas en meilleure posture que ceux qu'elle a voulu aider.

Ça la regarde, n'est-ce pas ?

Oui et non. J'ai promis à son père que je veillerais sur elle, et je ne suis pas près de manquer à ma parole. Si seulement tu l'avais vue quand elle était jeune – il y a des années, avant l'effondrement. Si belle, si pleine de vie. Je suis torturé par l'idée qu'il pourrait lui arriver quelque chose de mal.

Ça m'étonne de toi, Boris. Tu parles comme un pur sentimental.

Chacun de nous parle sa propre langue fantomatique, j'en ai bien peur. J'ai lu les mots tracés à la main sur le mur, et je n'y ai rien trouvé d'encourageant. Les fonds de la résidence Woburn s'épuiseront. J'ai des ressources supplémentaires dans cet appartement, bien sûr – et là Boris a englobé d'un geste tous les objets de la pièce – mais elles aussi seront vite épuisées. A moins que nous ne commencions à prévoir, il n'y a pas grand avenir pour aucun de nous.

Que veux-tu dire ?

Elaborer des projets. Prendre en compte les possibilités. Agir.

Et tu comptes que Victoria te suivra ?

Pas forcément. Mais si tu es de mon côté, il y a au moins une chance.

Qu'est-ce qui te fait croire que je pourrais avoir une influence sur elle ?

Les yeux que j'ai dans la tête. Je vois ce qui se passe là-bas, Anna. Victoria n'a jamais réagi à quelqu'un comme elle le fait à ton égard. Elle est totalement éprise.

Nous sommes amies, tout simplement.

Il y a autre chose, ma chère. Bien autre chose.

Je ne sais pas de quoi tu parles.

Ça viendra. Tôt ou tard, tu comprendras chacune de mes paroles. Je te le garantis.

Boris avait raison. En fin de compte, j'ai compris. En fin de compte, tout ce qui était sur le point de se réaliser est arrivé. Il m'a fallu longtemps, cependant, pour saisir. En fait, je n'ai pas vu ce qui se passait jusqu'à ce que ça me frappe en plein visage – mais c'est peut-être excusable, étant donné que je suis l'être le plus ignorant qui ait jamais vécu.

Ne perds pas patience envers moi. Je sais que je commence à bégayer, mais les mots ne viennent pas facilement pour dire ce que je veux dire. Tu dois t'imaginer comment étaient les choses pour nous à ce moment-là – le sentiment d'un destin funeste qui nous oppressait, l'atmosphère d'irréalité qui flottait autour de chaque instant. Le mot "lesbianisme" n'est qu'un terme clinique qui déforme les faits. Victoria et moi n'avons pas constitué un couple au sens habituel du mot. Nous sommes plutôt devenues l'une pour l'autre un refuge, l'endroit où chacune de nous pouvait aller pour trouver un réconfort dans sa solitude. Au bout du compte, le côté sexuel était le moins important de tous. Un corps n'est qu'un corps, après tout, et il semble de peu d'importance que la main qui te touche soit celle d'un homme ou d'une femme. Le fait d'être avec Victoria m'a donné du plaisir, mais m'a donné aussi le courage de vivre à nouveau dans le présent. C'était la chose qui comptait le plus. Je n'étais plus à regarder tout le temps en arrière, et, petit à petit, cela a paru panser quelques-unes des innombrables blessures que je portais en moi. Je n'étais pas rendue à la santé, mais au moins je ne détestais plus ma vie. Une femme était tombée amoureuse de moi, et puis j'ai découvert que j'étais capable de l'aimer. Je ne te demande pas de comprendre ça, mais simplement de l'accepter comme un fait. Il y a bien des choses que je regrette dans ma vie, mais ce n'en est pas une.

Ça a commencé vers la fin de l'été, trois ou quatre mois après mon arrivée à la résidence Woburn. Victoria est entrée dans ma chambre pour l'une de nos conversations de fin de soirée, et je me souviens que j'étais fourbue, j'avais mal au bas du dos et je me sentais encore plus abattue que d'habitude. Elle a commencé à me masser le dos d'une façon amicale, essayant de me décontracter les muscles, avec cette gentillesse fraternelle qu'on attendrait de n'importe qui dans ces circonstances. Personne ne m'avait touchée depuis des mois, cependant – depuis la dernière nuit que j'avais passée avec Sam –, et j'avais presque oublié à quel point on se sent bien lorsqu'on est massé de la sorte. Victoria continuait à promener ses mains du haut en bas de ma colonne vertébrale, et elle a fini par les glisser sous mon T-shirt, mettant ses doigts sur ma peau nue. C'était extraordinaire de sentir qu'on me faisait ça, et rapidement je me suis mise à flotter de plaisir, comme si mon corps allait se désintégrer. Même à ce moment-là, pourtant, je ne crois pas que nous ayons su, l'une comme l'autre, ce qui allait se produire. C'était un lent processus, qui suivait de longs méandres d'une étape à l'autre, sans avoir clairement d'objectif en vue. Il y a eu un moment où le drap m'a glissé des jambes et je n'ai pas pris la peine de le rechercher. Les mains de Victoria parcouraient de plus en plus de surface sur mon corps, prenant mes jambes et mes fesses, vagabondant le long de mes flancs et remontaient à mes épaules, jusqu'à ce qu'à la fin il n'y ait nul endroit de mon corps que je ne souhaitais pas qu'elle touche. J'ai roulé sur le dos, et voilà Victoria penchée au-dessus de moi, toute nue sous son peignoir, avec un sein qui pendait hors de l'échancrure. “Tu es si belle, lui ai-je dit, je crois que j'ai envie de mourir.” Je me suis légèrement redressée et je me suis mise à embrasser ce sein si beau, si rond et tellement plus volumineux que les miens, déposant des baisers sur l'aréole brune, suivant du bout de ma langue le treillis des veines bleues qui s'étendait juste sous la surface. J'avais la sensation d'une chose grave qui me choquait, et pendant les tout premiers moments j'ai eu l'impression d'avoir buté sur un désir qu'on ne pouvait trouver que dans l'obscurité des rêves – mais ce sentiment n'a pas duré très longtemps, et ensuite je me suis laissée aller, j'ai été entièrement emportée.

Nous avons continué à dormir ensemble pendant les quelques mois qui ont suivi, et en fin de compte j'ai commencé à me sentir à l'aise dans cet endroit. La nature du travail à la résidence Woburn était trop démoralisante sans quelqu'un sur qui compter, sans quelque lieu permanent où je puisse ancrer mes sentiments. Trop de gens arrivaient et repartaient, trop de vies allaient et venaient autour de moi, et à peine avais-je fait la connaissance de quelqu'un que déjà il faisait ses bagages et poursuivait son chemin. Alors c'était quelqu'un d'autre qui entrait et qui dormait dans le lit qu'avait occupé le précédent, qui prenait la même chaise et piétinait le même bout de terrain ; puis venait le moment où cet autre devait à son tour partir, et le processus se répétait. A l'opposé de tout cela, Victoria et moi étions là l'une pour l'autre – contre vents et marées, disions-nous – et c'était la seule chose qui ne variait pas malgré les changements qui se produisaient autour de nous. Grâce à ce lien, j'ai pu me réconcilier avec le travail, ce qui a eu en retour un effet apaisant sur mes esprits. Puis de nouveaux événements se sont produits, et il ne nous a plus été possible de continuer comme avant. J'en parlerai dans un instant, mais l'important a été que rien ne s'est vraiment modifié. Le lien était toujours là, et j'ai compris une fois pour toutes à quel point Victoria était un être remarquable.

C'était au milieu du mois de décembre, juste à l'époque du premier coup de froid sérieux. L'hiver ne s'est finalement pas avéré aussi rude que le précédent, mais personne ne pouvait le savoir d'avance. Le froid ramenait tous les mauvais souvenirs de l'année antérieure et on pouvait sentir la panique monter dans les rues, le désespoir des gens qui essayaient de se préparer au choc. Les files d'attente devant la résidence Woburn ont été plus longues qu'elles ne l'avaient été pendant les derniers mois, et je me suis trouvée à faire des heures supplémentaires rien que pour rester au niveau de l'affluence. Le matin dont je parle, je me rappelle avoir vu dix ou onze candidats coup sur coup, chacun me racontant son horrible histoire. L'une de ces personnes – elle s'appelait Melissa Reilly, c'était une femme d'une soixantaine d'années – était tellement affolée qu'elle a craqué et s'est mise à pleurer devant moi, se cramponnant à ma main et me demandant de l'aider à retrouver son mari qui s'était égaré en juin et dont on n'avait plus de nouvelles depuis. Qu'attendez-vous de moi ? ai-je demandé. Je ne peux pas quitter mon poste et aller courir les rues avec vous, il y a trop de choses à faire ici. Elle a continué cependant à faire une scène, et j'ai commencé à me fâcher à cause de son insistance. Ecoutez, ai-je dit, vous n'êtes pas la seule femme, dans cette ville, qui ait perdu son mari. Le mien a disparu depuis aussi longtemps que le vôtre, et, autant que je sache, il est aussi mort que le vôtre. Est-ce que vous me voyez là en train de pleurer et de m'arracher les cheveux ? C'est une chose à laquelle nous devons tous faire face. Je me trouvais répugnante de déverser de telles platitudes, de la traiter avec tant de brusquerie, mais elle me troublait l'esprit avec toute son hystérie et ses jacasseries incohérentes sur M. Reilly, leurs enfants et le voyage de noces qu'ils avaient fait trente-sept ans auparavant. Je me fiche de vous, m'a-t-elle finalement lancé. Une sale garce au cœur gelé comme vous ne mérite pas d'avoir un mari, et vous pouvez prendre votre jolie résidence Woburn et vous la mettre où je pense. Si le bon docteur vous entendait, il se retournerait dans sa tombe. Quelque chose dans ce goût-là, bien que je ne me souvienne pas des termes exacts. Puis Mme Reilly s'est levée et elle est partie avec une ultime bouffée d'indignation. Dès qu'elle est sortie, j'ai reposé ma tête sur le bureau et j'ai fermé les yeux en me demandant si je n'étais pas trop épuisée pour recevoir d'autres personnes ce jour-là. L'entretien avait été désastreux, et c'était ma faute car j'avais laissé mes sentiments m'échapper. J'étais inexcusable, je ne pouvais pas justifier la manière dont j'avais déversé mes ennuis sur une pauvre femme qui, de toute évidence, était à moitié folle de chagrin. J'ai dû m'assoupir juste à ce moment-là, peut-être pendant cinq minutes, peut-être seulement une minute ou deux – je ne saurais dire avec certitude. Toujours est-il qu'une distance infinie a paru s'insérer entre ce moment et le suivant, entre le moment où j'ai fermé les yeux et celui où je les ai ouverts à nouveau. J'ai levé le regard et il y avait Sam assis dans la chaise en face de moi pour l'entretien suivant. J'ai d'abord cru que je dormais. C'est une vision, me suis-je dit. Il sort d'un de ces rêves où l'on s'imagine en train de se réveiller mais où le réveil fait lui-même partie du rêve. Puis je me suis dit : Sam – et j'ai aussitôt compris qu'il ne pouvait s'agir de personne d'autre. C'était Sam, mais ce n'était pas non plus Sam. C'était Sam dans un autre corps, avec des cheveux grisonnants et des ecchymoses sur un côté du visage, avec des ongles noirs, déchirés, et des habits en loques. Il était assis là avec un regard noir, complètement absent – en train de dériver en lui-même, me semblait-il, absolument perdu. J'ai tout entrevu d'un seul coup, en un tourbillon, en un clin d'œil. C'était bien Sam, mais il ne me reconnaissait pas, il ne savait pas qui j'étais. J'ai senti mon cœur battre à tout rompre, et pendant une seconde j'ai cru que j'allais m'évanouir. Puis, très lentement, deux larmes ont commencé à couler le long des joues de Sam. Il se mordait la lèvre inférieure et son menton tremblait de façon incontrôlée. Soudain son corps tout entier a été agité de secousses, de l'air a jailli de sa bouche, et le sanglot qu'il s'efforçait de garder en lui est sorti en saccades. Il a détourné son visage, essayant encore de se maîtriser, mais les spasmes continuaient à faire tressaillir son corps, et le même bruit rauque, haletant, s'échappait encore de ses lèvres closes.

Je me suis levée de ma chaise, j'ai titubé jusqu'à l'autre côté de la table et j'ai entouré Sam de mes bras. Dès que je l'ai touché, j'ai entendu les journaux froissés bruire dans son manteau. L'instant suivant je me suis mise à pleurer, et puis je n'ai pas pu cesser. Je m'accrochais à lui tant que je pouvais, j'enfouissais mon visage dans le tissu de son manteau et je ne pouvais pas trouver le moyen de m'arrêter.

C'était il y a plus d'un an. Des semaines se sont écoulées avant que Sam soit assez en forme pour parler de ce qui lui était arrivé, mais même alors ses récits restaient vagues, pleins de contradictions et de lacunes. Tout lui paraissait se fondre, disait-il, et il avait du mal à distinguer les contours des événements, il ne pouvait pas démêler un jour d'un autre. Il se souvient d'avoir attendu que je reparaisse, assis dans la chambre jusqu'à six ou sept heures le lendemain matin, puis il a fini par sortir à ma recherche. Il était au-delà de minuit lorsqu'il est revenu, et à ce moment-là la bibliothèque était déjà la proie des flammes. Il était resté dans la foule de ceux qui s'étaient assemblés pour regarder l'incendie, puis, lorsque le toit s'était finalement effondré, il avait vu notre livre brûler avec tout le reste dans l'immeuble. Il a dit qu'il avait vraiment pu le voir dans son esprit, qu'il avait réellement su à quel moment précis les flammes avaient pénétré dans notre chambre et dévoré les feuilles du manuscrit.

Après cela, tout perdait sa définition pour lui. Il avait l'argent dans sa poche, les vêtements sur son dos, et c'était tout. Pendant deux mois il n'avait pas fait grand-chose sinon me chercher – il dormait où il pouvait, il mangeait seulement quand il ne pouvait pas faire autrement. De cette manière il avait réussi à ne pas sombrer, mais à la fin de l'été il ne lui restait presque plus d'argent. Pire encore, a-t-il dit, il avait fini par ne plus me chercher. Il était persuadé que j'étais morte, et il ne pouvait plus supporter de se torturer par de faux espoirs. Il s'était retiré dans un coin du terminal Diogène – la vieille gare du secteur nord-ouest de la ville – et il avait vécu parmi les épaves humaines et les fous, les gens de l'ombre qui errent dans les longs couloirs et les salles d'attente abandonnées. C'était comme devenir une bête, a-t-il dit, une créature souterraine plongée en hibernation. Une ou deux fois par semaine il se louait à des ramasseurs d'ordures pour porter de lourdes charges, travaillant pour la pitance qu'ils lui donnaient, mais la plupart du temps il ne faisait rien, refusant de bouger à moins d'y être absolument obligé. "J'ai abandonné tout effort d'être quelqu'un, a-t-il dit. Le but de ma vie était de me soustraire à mon environnement, de vivre dans un endroit où rien ne pourrait plus me blesser. L'une après l'autre j'ai essayé de laisser tomber mes attaches, de me dessaisir de toutes les choses qui avaient eu pour moi quelque importance. Mon intention était d'arriver à l'indifférence, une indifférence si puissante et si sublime qu'elle me protégerait de toute agression ultérieure. Je t'ai dit adieu, Anna ; j'ai dit adieu au livre ; j'ai dit adieu à la pensée de revenir chez nous. J'ai même essayé de dire adieu à moi-même. Petit à petit, je suis devenu aussi serein qu'un bouddha, assis dans mon coin et n'accordant aucune attention au monde qui m'entourait. S'il n'y avait eu les exigences occasionnelles de mon corps – de mon estomac et de mes intestins – j'aurais pu ne jamais bouger à nouveau. Ne rien vouloir, me disais-je continuellement, ne rien avoir, ne rien être. Je ne pouvais imaginer de solution plus parfaite que celle-là. A la fin, je n'étais pas loin de vivre une existence de pierre."

Nous avons donné à Sam la chambre au premier étage que j'avais occupée autrefois. Il était dans un état épouvantable, et pendant les premiers dix jours sa vie n'a tenu qu'à un fil. J'ai passé tout mon temps avec lui, expédiant mes autres tâches autant que je le pouvais, et Victoria ne s'y est pas opposée. C'est ce que j'ai trouvé de si remarquable chez elle. Non seulement elle ne s'y est pas opposée, mais elle a même fait des efforts pour favoriser la chose. Il y avait du surnaturel dans sa façon de comprendre la situation, dans sa capacité d'accepter la fin soudaine, presque violente, de notre manière de vivre. Je m'attendais toujours à ce qu'elle nous force à une confrontation, qu'elle explose dans une manifestation de déception ou de jalousie, mais rien de tel n'a jamais eu lieu. Sa première réaction à la nouvelle a été de la joie – joie pour moi, joie parce que Sam était vivant – et ensuite elle s'est dépensée tout autant que moi pour assurer la guérison de Sam. Elle avait subi une perte intime, mais elle savait aussi que la présence de Sam signifiait un gain pour Woburn. La pensée d'avoir un homme de plus dans l'équipe, surtout quelqu'un comme Sam – qui n'était, ni âgé comme Frick, ni lent d'esprit comme Willie –, suffisait pour elle à équilibrer les comptes. Je trouvais que cette fixation à un unique objectif pouvait avoir quelque chose d'effrayant, mais rien n'importait plus à Victoria que la résidence Woburn – pas même moi, pas même elle, s'il est possible d'imaginer une telle chose. Je ne veux pas être par trop simpliste, mais, le temps passant, j'ai presque eu l'impression qu'elle m'avait permis de tomber amoureuse d'elle pour que je puisse me rétablir. Maintenant que j'allais mieux, elle déplaçait son attention sur Sam. La résidence Woburn était son unique réalité, vois-tu, et finalement il n'y avait rien qui puisse résister à cela.

Par la suite, Sam est monté vivre avec moi au troisième étage. Lentement il a pris du poids, lentement il s'est mis à ressembler à celui qu'il avait été autrefois, mais les choses ne pouvaient pas toutes être pareilles à ses yeux – pas maintenant, plus maintenant. Je ne parle pas seulement des épreuves subies par son corps – les cheveux prématurément gris, les dents manquantes, le tremblement léger, mais continu, de ses mains –, je parle également de choses intérieures. Sam n'était plus l'arrogant jeune homme avec qui j'avais habité dans la bibliothèque. Ce qu'il avait vécu l'avait modifié, presque mortifié, et il y avait à présent dans sa manière d'être un rythme plus doux et plus placide. Il parlait épisodiquement de redémarrer le livre, mais je voyais bien que le cœur n'y était pas. Le livre n'était plus pour lui une solution, et avec la perte de cette fixation il semblait mieux à même de comprendre les choses qui lui étaient arrivées et qui nous arrivaient à tous. Ses forces sont revenues, et petit à petit nous nous sommes réhabitués l'un à l'autre, mais il me semblait que nous étions dans une relation plus égalitaire qu'auparavant. Peut-être avais-je moi aussi changé durant ces mois-là, mais en fait j'avais la sensation que Sam avait plus besoin de moi qu'autrefois, et j'aimais sentir qu'on avait besoin de moi à ce point, j'aimais cela plus que tout au monde.

Il a commencé à travailler vers le début de février. D'abord j'ai été totalement opposée à l'emploi que Victoria avait inventé pour lui. Après avoir longuement réfléchi à la chose, disait-elle, elle était arrivée à penser que Sam servirait au mieux les intérêts de la résidence Woburn en devenant le nouveau médecin. “Tu trouveras peut-être cette idée curieuse, a-t-elle poursuivi, mais depuis la mort de mon père nous ne faisons que cafouiller. Cet endroit n'a plus de cohésion, ni de sens du but à atteindre. Nous donnons aux gens un abri et de la nourriture pendant un petit bout de temps, et c'est tout – une sorte de soutien minimum qui apporte à peine une aide à quiconque. Autrefois les gens venaient parce qu'ils voulaient se trouver auprès de mon père. Même quand il ne pouvait pas les aider en tant que médecin, il était là pour leur parler et écouter leurs plaintes. C'était cela, la chose importante. Il aidait les gens à se sentir mieux en étant tout simplement lui-même. Les gens recevaient de la nourriture, mais ils recevaient aussi de l'espoir. Si nous avions un autre docteur dans les lieux, maintenant, peut-être pourrions-nous nous rapprocher de l'esprit que cette maison connaissait autrefois."

Mais Sam n'est pas médecin, ai-je répondu. Ce serait un mensonge, et je ne vois pas comment on peut aider les gens si la première chose qu'on fait est de leur mentir.

Ce n'est pas mentir, a poursuivi Victoria. C'est une mascarade. On ment pour des raisons égoïstes, mais dans ce cas nous ne prendrions rien pour nous-mêmes. C'est pour les autres, c'est un moyen de leur donner de l'espoir. Du moment qu'ils pensent que Sam est un docteur, ils croiront en ce qu'il dit.

Mais si quelqu'un découvre la vérité ? Nous serons grillés, alors. Personne ne nous fera plus confiance après cela – pas même quand nous dirons la vérité.

Personne ne découvrira la chose. Sam ne pourra pas se trahir parce qu'il n'exercera pas la médecine. Même s'il le voulait, il ne reste plus de médicaments pour qu'il exerce. Nous avons deux ou trois bocaux d'aspirine, une ou deux boîtes de pansements et c'est à peu près tout. Ce n'est pas parce qu'il se fera appeler docteur Farr qu'il fera nécessairement ce que fait un médecin. Il parlera et les gens l'écouteront. C'est tout ce dont il s'agit. Une façon de donner à des gens une chance de trouver leur propre force.

Et si Sam n'est pas capable de tenir ce rôle ?

Eh bien il n'en sera pas capable. Mais nous ne pouvons pas le savoir avant qu'il ait essayé, n'est-ce pas ?

A la fin, Sam a accepté de jouer le jeu. "Ce n'est pas une chose à laquelle j'aurais pensé de moi-même, a-t-il déclaré, pas même si je vivais encore cent ans. Anna trouve que c'est cynique, et au bout du compte je crois qu'elle a raison. Mais qui sait si les faits ne sont pas tout aussi cyniques ? Les gens meurent, dehors, et ils vont continuer à mourir que nous leur donnions un bol de soupe ou que nous sauvions leur âme. Je ne vois pas comment on peut sortir de ça. Si Victoria estime qu'ils auront la vie plus facile en ayant un faux docteur à qui parler, de quel droit dirais-je qu'elle a tort ? Je serais étonné que ça fasse grand bien, mais il ne me semble pas non plus qu'il y ait grand mal à ça. C'est une tentative, et je veux bien m'y prêter pour cette raison."

Je n'ai pas reproché à Sam de dire oui, mais je suis restée quelque temps fâchée contre Victoria. J'avais été choquée de la voir justifier son fanatisme par des arguments si alambiqués sur ce qui est bien et ce qui est mal. Quel que soit le nom qu'on veuille lui donner – un mensonge, une mascarade, un moyen justifié par la fin – ce plan me faisait l'effet d'une trahison des principes de son père. Je m'étais déjà suffisamment tourmentée pour la résidence Woburn, et s'il y avait une chose qui m'avait aidée à accepter cet endroit, c'était bien Victoria elle-même. Sa franchise, la clarté de ses motivations, la rigueur morale que j'avais trouvée chez elle – ces choses m'avaient servi d'exemple et m'avaient donné la force de continuer. Soudain, il semblait exister en elle un domaine obscur que je n'avais pas remarqué jusque-là. C'était une désillusion, me semble-t-il, et pendant un certain temps j'ai éprouvé envers elle un réel ressentiment, j'ai été consternée de la voir se révéler si semblable à tous les autres. Mais ensuite, quand j'ai commencé à évaluer plus clairement la situation, ma colère est passée. Victoria avait réussi à me cacher la vérité, mais en fait la résidence Woburn était sur le point de sombrer. La mascarade avec Sam n'était rien d'autre qu'une tentative de sauver quelque chose du désastre, une bizarre petite coda agrafée à un morceau qui avait déjà été joué. Tout était terminé. La seule chose était que je ne le savais pas encore.

L'ironie a voulu que Sam réussisse dans son rôle de médecin. Tous les accessoires étaient à sa disposition – la blouse blanche, la trousse noire, le stéthoscope, le thermomètre – et il les utilisait à fond. Il est indubitable qu'il avait l'air d'un médecin, mais après quelque temps il a aussi commencé à en avoir la chanson. C'était cela qui était incroyable. D'abord j'ai été réticente quant à sa transformation, ne voulant pas admettre que Victoria avait eu raison ; mais par la suite j'ai dû céder devant les faits. Les gens réagissaient positivement à Sam. Il avait une façon de les écouter qui leur donnait envie de parler, et les paroles sortaient en torrent de leur bouche dès qu'il s'asseyait avec eux. Sa pratique de journaliste l'aidait certainement pour tout cela, mais à présent il était auréolé par une nouvelle dimension de dignité, une *persona* de bonté, pourrait-on dire, et comme les gens avaient confiance en cette *persona*, ils lui racontaient des choses qu'il n'avait encore jamais entendues de quiconque. C'était comme être confesseur, disait-il, et petit à petit il s'est mis à mesurer tout le bien qu'on fait lorsqu'on permet aux gens de s'épancher – l'effet salutaire de prononcer des paroles, de laisser sortir les mots qui racontent ce qui leur est arrivé. La tentation aurait consisté, me semble-t-il, à commencer à croire en ce rôle, mais Sam a réussi à garder ses distances. En privé, il plaisantait là-dessus et il a fini par se donner quelques nouveaux noms : docteur Samuel Charlot, docteur Mariol, docteur Bidonus. Sous cette raillerie, cependant, je sentais que son travail avait plus d'importance pour lui qu'il ne voulait l'admettre. Le fait de se faire passer pour médecin lui avait soudain donné accès aux pensées intimes des autres, et ces pensées commençaient maintenant à faire partie de lui-même. Son monde intérieur est devenu plus vaste, plus solide, mieux à même d'absorber les choses qui y entraient. "C'est mieux de ne pas être obligé d'être moi-même, m'a-t-il dit un jour. Si je n'avais pas cette autre personne derrière laquelle me cacher – celle qui porte la blouse blanche et qui a un air compatissant sur son visage –, je pense que je ne pourrais pas tenir. Les histoires m'anéantiraient. Mais dans ces circonstances j'ai un moyen de les écouter, de les mettre à la place qui leur revient – à côté de ma propre histoire, à côté de l'histoire du moi que je ne suis plus obligé d'être tant que je les écoute."

Le printemps est arrivé tôt, cette année-là, et déjà à la mi-mars les crocus fleurissaient dans le jardin de derrière : des tiges jaunes et pourpres qui débordaient des marges herbeuses, le vert bourgeonnant mélangé aux flaques de boue séchée. Même les nuits étaient douces et parfois nous allions, Sam et moi, nous promener brièvement autour du clos avant de rentrer. C'était bon d'être dehors pendant ces quelques moments, avec les fenêtres de la maison plongées dans le noir derrière nous et les étoiles qui brûlaient faiblement au-dessus de nos têtes. Chaque fois que nous faisions une de ces petites promenades je sentais que je redevenais à nouveau amoureuse de lui comme au début ; chaque fois je m'éprenais de lui dans cette obscurité, m'accrochant à son bras et me rappelant comment c'était pour nous au commencement, à l'époque de l'Hiver terrible, quand nous vivions dans la bibliothèque et regardions tous les soirs par la grande fenêtre en éventail. Nous ne parlions plus de l'avenir. Nous ne faisions pas de projets et ne parlions pas de rentrer chez nous. Le présent nous dévorait entièrement, désormais, et avec tout le travail à faire chaque jour, avec tout l'épuisement qui s'ensuivait, il ne restait plus de temps pour penser à quoi que ce soit d'autre. Cette vie avait un équilibre fantomatique, mais cela ne la rendait pas forcément mauvaise, et il arrivait que je me trouve presque heureuse de la vivre, de poursuivre avec les choses telles qu'elles étaient.

Ces choses ne pouvaient évidemment pas continuer. Elles constituaient une illusion, exactement comme Boris Stepanovich l'avait dit, et rien ne pouvait empêcher les changements d'arriver. A la fin d'avril, nous avons commencé à ressentir la gêne. Victoria a fini par craquer et nous a expliqué la situation, puis nous avons fait, une par une, les économies nécessaires. Les tournées du mercredi après-midi ont été supprimées les premières. Nous avons décidé qu'il était absurde de dépenser de l'argent pour la voiture. Le carburant était trop cher et il y avait bien assez de gens qui nous attendaient juste devant la porte. Inutile d'aller les chercher, a dit Victoria, et même Frick n'a pas soulevé d'objection. Ce même après-midi nous avons fait un dernier tour en ville – Frick au volant avec Willie à son côté, Sam et moi derrière. Nous avons circulé en pétaradant le long des boulevards périphériques, plongeant occasionnellement en ville pour jeter un coup d'œil à un quartier, sentant les bosses quand Frick manœuvrait au-dessus des ornières et des nids de poules. Aucun de nous ne disait grand-chose. Nous nous contentions de regarder les monuments qui glissaient derrière nous ; je crois que nous étions un peu impressionnés parce que ça ne se reproduirait jamais plus, parce que c'était la dernière fois ; et, très vite, c'est devenu comme si nous ne regardions même plus, nous étions là dans nos sièges avec le curieux désespoir de rouler en rond. Après, Frick a remisé la voiture au garage et fermé la porte à clé. Je ne crois pas qu'il l'ait jamais rouverte ensuite. Un jour où nous étions ensemble dans le jardin, il a montré du doigt le garage de l'autre côté, et son visage s'est fendu d'un large sourire édenté. "Ces choses-là qu'on voit quand y a plus rien, a-t-il dit. Dis adieu et puis oublie. Une brillance dans la tête, maintenant. Fsssh ça passe, tu vois et fini. Tout ça brille et puis oublie."

Les vêtements y sont passés ensuite : tous les vestiaires gratuits que nous avions donnés aux résidents, les chemises et les chaussures, les vestes et les pulls, les pantalons, les chapeaux, les vieux gants. Boris Stepanovich les avait achetés en gros à un fournisseur de la quatrième zone de recensement, mais ce marchand avait à présent fermé boutique. En fait, son commerce avait été liquidé par un consortium de bandits et d'agents de Résurrection, et il ne nous était plus possible de faire fonctionner ce côté-là de la chaîne. Même dans les bonnes périodes, l'achat de vêtements avait représenté entre trente et quarante pour cent du budget de Woburn. Maintenant que les temps difficiles étaient finalement là, nous n'avions pas le choix et devions rayer cette dépense de nos comptes. Pas de réduction, pas de diminution progressive, non, ç'a été la totalité, la hache d'un seul coup. Victoria a lancé une campagne pour ce qu'elle a appelé le "ravaudage consciencieux". Elle a rassemblé plusieurs sortes de matériel de couture – aiguilles, bobines de fil, carrés de tissu, dés à coudre, boules à repriser et ainsi de suite --, et elle a fait de son mieux pour restaurer les vêtements que portaient les résidents à leur arrivée à Woburn. Son intention était d'économiser le plus d'argent possible pour la nourriture. Etant donné que ce dernier poste était le plus important, que c'était ce qui faisait le plus de bien aux résidents, nous avons tous été d'accord pour trouver juste l'idée de Victoria. Pourtant, comme les pièces du quatrième étage continuaient à se vider, l'approvisionnement en nourriture à son tour n'a pas pu résister à l'érosion. Un par un, des articles ont été éliminés : le sucre, le sel, le beurre, les fruits, les petites portions de viande que nous nous accordions, le verre de lait occasionnel. A chaque fois que Victoria annonçait une de ces économies, Maggie Vine faisait une crise – elle partait dans une pantomime effrénée de clown montrant une personne en larmes, elle se frappait la tête contre le mur, elle battait des bras contre ses cuisses comme si elle voulait s'envoler. Ce n'était cependant une partie de plaisir pour aucun de nous. Nous avions tous pris l'habitude d'avoir assez à manger, et ces privations traumatisaient douloureusement notre système. J'ai été forcée de repenser toute cette question pour moi : ce que ça veut dire d'avoir faim, comment détacher la notion de nourriture de celle de plaisir, comment accepter ce qu'on reçoit et ne pas avoir immodérément envie de plus. Quand nous avons atteint le milieu de l'été, notre régime s'était déjà réduit à diverses sortes de graines, des féculents et des racines comestibles : navets, betteraves, carottes. Nous avons essayé de planter un potager derrière la maison, mais les graines étaient rares et nous n'avons réussi à faire pousser que quelques laitues. Maggie improvisait autant qu'elle pouvait, préparant diverses soupes claires, faisant rageusement des mixtures à partir de haricots et de nouilles, martelant des boulettes dans un tourbillon de farine blanche – des boules de pâte gluante qui donnaient presque des haut-le-cœur. En comparaison de ce que nous mangions auparavant, c'était une pitance affreuse, mais elle nous maintenait malgré tout en vie. Le côté horrible n'était pas en réalité la qualité de la nourriture, mais la certitude que les choses n'allaient qu'empirer. Petit à petit, la différence entre la résidence Woburn et le reste de la ville s'amenuisait. Nous étions en train d'être engloutis, et aucun de nous ne savait comment empêcher cela.

Puis Maggie a disparu. Un jour elle n'a tout simplement plus été là et nous n'avons découvert aucun indice pour savoir où elle était allée. Elle avait dû sortir pendant que nous dormions en haut, mais cela n'expliquait pas pourquoi elle avait laissé sur place toutes ses affaires. Si elle avait voulu s'enfuir, il semblait logique qu'elle eût préparé un sac pour son expédition. Willie a passé deux ou trois jours à la chercher dans le proche voisinage, mais il n'a pas trouvé trace d'elle et aucun des gens à qui il en a parlé ne l'avait vue. Après quoi Willie et moi avons assumé les tâches de la cuisine. Nous commencions à peine à nous sentir à l'aise dans ce travail qu'il s'est produit autre chose. Soudain, et sans aucun signe prémonitoire, le grand père de Willie est mort. Nous avons essayé de nous consoler en nous disant que Frick était vieux – presque quatre-vingts ans, a déclaré Victoria –, mais ça n'a pas vraiment aidé. Il est mort en dormant, un soir du début d'octobre, et c'est Willie qui a découvert le corps : en se réveillant le matin, il a vu que son grand-père était encore couché, puis, lorsqu'il a essayé de le secouer, il a regardé avec horreur le vieillard tomber lourdement par terre. C'est pour Willie, bien sûr, que ça a été le plus dur, mais chacun de nous a souffert de cette mort à sa manière. Sam a versé des larmes amères lorsque ça s'est produit, et Boris Stepanovich n'a parlé à personne pendant quatre heures après avoir appris la nouvelle, ce qui doit être une sorte de record pour lui. Victoria n'a pas laissé paraître grand-chose, mais ensuite elle s'est lancée dans une action téméraire, et j'ai compris à quel point elle était proche d'un désespoir total. Il est absolument illégal d'enterrer les morts. Tous les cadavres doivent obligatoirement être acheminés jusqu'à un Centre de transformation, et ceux qui enfreignent ce règlement sont sujets aux plus lourdes peines : une amende de deux cent cinquante glots payable dès que la sommation est délivrée, ou bien la déportation immédiate dans un camp de travail du sud-ouest du pays. En dépit de tout cela, une heure à peine après avoir appris la mort de Frick, Victoria a annoncé qu'elle prévoyait d'organiser pour lui des funérailles dans le jardin cet après-midi même. Sam a essayé de l'en dissuader, mais elle a refusé de changer de position. "Personne n'en saura rien, a-t-elle dit. Et même si la police arrive à savoir, ça ne fait rien. Nous devons faire ce qui est juste. Si nous laissons une loi imbécile nous en empêcher, alors nous ne valons rien." C'était une action irréfléchie, totalement irresponsable, mais au fond je crois qu'elle la faisait pour Willie. Car Willie était un garçon dont l'intelligence était au-dessous de la moyenne, et, à l'âge de dix-sept ans, il était encore pris dans la violence d'un moi qui ne comprenait presque rien du monde qui l'entourait. Frick s'était occupé de lui, avait pensé à sa place, l'avait littéralement fait passer à travers les épreuves de sa vie. Son grand-père parti, on ne pouvait prédire ce qui risquait de lui arriver. Willie avait besoin maintenant d'un geste de notre part : une affirmation claire et frappante de notre loyauté, la preuve que nous serions avec lui quelles qu'en soient les conséquences. L'enterrement était un risque énorme, mais, même à la lumière de ce qui s'est produit, je ne crois pas que Victoria ait eu tort de le prendre.

Avant la cérémonie, Willie s'est rendu dans le garage où il a démonté le klaxon de la voiture et passé pratiquement une heure à l'astiquer. C'était un de ces vieux avertisseurs en forme de trompe qu'on avait l'habitude de voir sur les bicyclettes d'enfant – mais plus grand et plus impressionnant, avec un pavillon en bronze et une poire en caoutchouc noir presque aussi volumineuse qu'un pamplemousse. Ensuite, Sam et lui ont creusé un trou près des buissons d'aubépines dans le fond. Six résidents ont porté le corps de Frick depuis la maison jusqu'à la tombe, et lorsqu'ils l'ont fait descendre dans la fosse, Willie a déposé le klaxon sur la poitrine de son grand-père pour être bien sûr qu'il soit enterré avec lui. Boris Stepanovich a alors donné lecture d'un court poème qu'il avait écrit à cette occasion, à la suite de quoi Sam et Willie ont repelleté la terre dans le trou. C'était, au mieux, une cérémonie primitive sans prières ni chants, mais le seul fait de l'accomplir était suffisamment chargé de sens. Tout le monde s'était rassemblé là – tous les résidents et toute l'équipe –, et, avant la fin, la plupart d'entre nous avaient les larmes aux yeux. Une petite pierre a été déposée sur l'emplacement de la tombe pour le marquer, puis nous sommes rentrés dans la maison.

Ensuite nous avons tous essayé de combler le vide chez Willie. Victoria lui a délégué de nouvelles responsabilités, lui permettant même de monter la garde avec la carabine pendant que je faisais mes entretiens dans le vestibule, et Sam s'est efforcé de le prendre sous sa protection : lui enseignant à se raser convenablement, à écrire son nom en cursive, à faire des additions et des soustractions. Willie réagissait bien à ces soins. Sans un terrible coup du sort, je crois qu'il aurait tout à fait bien évolué. Mais environ deux semaines après l'enterrement de Frick, un policier de la Maréchaussée centrale nous a rendu visite. C'était un personnage d'aspect grotesque, tout grassouillet et rouge de visage, arborant un des nouveaux uniformes dont on avait récemment doté les officiers de sa branche : une tunique rouge vif, des culottes de cheval blanches et des bottes de cuir verni avec un képi assorti. Il craquait de partout dans ce costume absurde, et comme il s'obstinait à bomber le torse, j'ai réellement cru qu'il allait faire sauter ses boutons. Il a claqué les talons et fait le salut réglementaire quand j'ai ouvert la porte ; et s'il n'y avait eu le fusil-mitrailleur qu'il portait en bandoulière, je lui aurais probablement dit de partir. “Est-ce bien la résidence de Victoria Woburn ?” a-t-il demandé. “Oui, ai-je répondu, entre autres.” “Alors écartez-vous, mademoiselle”, a-t-il dit en me poussant de côté et en pénétrant dans le hall. “L'enquête va commencer.”

Je t'épargnerai les détails. Le fin mot de l'histoire était que quelqu'un avait signalé l'enterrement à la police qui était venue vérifier la plainte. Ce devait être un des résidents, mais cet acte de trahison était si stupéfiant qu'aucun de nous n'avait envie d'essayer de découvrir de qui il s'agissait. De quelqu'un, sans doute, qui avait assisté aux funérailles, qui avait ensuite été obligé de quitter Woburn à l'expiration de son séjour et qui nous en voulait d'avoir été reconduit à la rue. C'était une hypothèse logique, mais elle n'importait plus guère. Peut-être la police avait-elle versé quelque argent au dénonciateur, peut-être avait-il seulement agi par dépit. Quoi qu'il en soit, le renseignement était on ne peut plus précis. L'officier s'est dirigé à grands pas vers le jardin de derrière avec deux assistants à ses trousses. Il a scruté l'enclos pendant plusieurs instants, puis il a montré du doigt l'endroit exact où la fosse avait été creusée. Il a exigé des pelles et les deux assistants se sont promptement mis au travail, à la recherche du cadavre dont ils savaient déjà qu'il était là. “Ceci est absolument illégal, a déclaré l'officier. L'égoïsme d'un enterrement, de nos jours – voyez-moi cette impudence. Sans corps à brûler, nous y passerions vite, c'est certain, nous serions coulés, tous tant que nous sommes. D'où viendrait notre combustible ? Comment resterions-nous en vie ? En cette époque de crise nationale il nous faut tous être vigilants. Aucun corps ne peut être épargné, et ceux qui s'arrogent le droit d'enfreindre cette loi ne doivent pas s'en tirer comme ça Ce sont des malfaiteurs de la pire espèce, de perfides fauteurs de troubles, de la racaille de renégats. Il faut les extirper et les punir."

Nous étions déjà tous dans le jardin, nous pressant autour de la tombe tandis que cet imbécile pérorait avec ses remarques vicieuses et creuses. Le visage de Victoria était devenu blanc, et si je n'avais pas été là pour la soutenir, je pense qu'elle se serait peut-être effondrée. De l'autre côté du trou qui s'agrandissait, Sam veillait attentivement sur Willie. Le garçon était en larmes, et tandis que les assistants de l'officier de police continuaient à extraire de la terre avec leurs pelles et à la jeter négligemment dans les buissons, il s'est mis à hurler d'une voix saisie par la panique : "C'est la terre de grand-papa. Vous n'avez pas le droit de la jeter. Cette terre appartient à grand-papa." Il criait si fort que l'officier a dû s'arrêter au milieu de sa harangue. Il a toisé Willie avec mépris, puis, juste au moment où il déplaçait son bras en direction de son fusil-mitrailleur, Sam a collé sa main sur la bouche de Willie et s'est mis à le tirer vers la maison – en bataillant pour le contenir tandis que le garçon se tortillait et donnait des coups de pied en traversant la pelouse. Pendant ce temps un certain nombre de résidents s'étaient jetés au sol et suppliaient l'officier de croire à leur innocence. Ils ne savaient rien de cet épouvantable crime ; ils n'étaient pas là quand ça s'était passé ; si quelqu'un leur avait parlé d'actes aussi abominables, ils n'auraient jamais accepté de rester là ; c'étaient tous des prisonniers qu'on retenait contre leur volonté. Une affirmation servile après l'autre, une éruption de lâcheté de masse. Je me sentais si dégoûtée que j'aurais voulu cracher. Une vieille femme – elle s'appelait Beulah Stansky – s'est même agrippée à la botte de l'officier et s'est mise à la couvrir de baisers. Il a essayé de lui faire lâcher prise, mais comme elle ne voulait pas, il lui a enfoncé la pointe de sa botte dans le ventre et l'a envoyée rouler de tout son long. Elle a gémi et pleurniché comme un chien battu. Heureusement pour nous tous, Boris Stepanovich a décidé d'entrer en scène juste à ce moment-là. Il a ouvert la porte-fenêtre derrière la maison, il est sorti avec précaution sur le gazon, puis il s'est dirigé d'un pas tranquille vers le tumulte, avec sur son visage une expression calme, presque pensive. C'était comme s'il avait déjà été cent fois le témoin d'une pareille scène et que rien n'allât lui faire perdre son sang-froid – ni la police, ni les fusils, rien de tout ça. Ils étaient en train de tirer le corps hors de la fosse quand il nous a rejoints, et le pauvre Frick était étendu sur l'herbe, les yeux à présent manquaient à son visage, sa figure était toute maculée de terre tandis qu'une horde de vers blancs se tortillaient dans sa bouche. Boris n'a même pas pris la peine de lui jeter un coup d'œil. Il s'est dirigé tout droit vers le policier à la tunique rouge, l'a appelé mon général, puis l'a attiré sur le côté avec lui. Je n'ai pas entendu ce qu'ils ont dit, mais j'ai remarqué que pendant leur discussion Boris n'arrêtait pratiquement pas de sourire d'un air moqueur et de froncer les sourcils. A la fin, une liasse a surgi de sa poche. Il en a détaché des billets les uns après les autres, puis il a mis l'argent dans la main de l'officier. Je ne sais pas ce que ça signifiait – si Boris avait payé l'amende ou s'ils avaient conclu une sorte d'accord en privé –, mais la transaction n'a pas duré plus que ça : un bref et rapide échange d'argent liquide, et l'affaire était réglée. Les assistants ont franchi la pelouse en portant le corps de Frick, puis ils ont traversé la maison et ils sont ressortis devant pour jeter le cadavre à l'arrière d'un camion garé dans la rue. Le policier nous a sermonnés une fois de plus du haut des marches – très sévèrement, en utilisant les mêmes termes que dans le jardin –, puis il a fait un dernier salut réglementaire, claqué les talons, et il est descendu vers le camion, chassant les badauds dépenaillés d'un bref revers de main. Dès qu'il a démarré avec ses hommes, j'ai couru dans le jardin pour rechercher le klaxon. J'avais pensé le faire briller à nouveau et le donner à Willie, mais je ne l'ai pas trouvé. Je suis même descendue dans la tombe ouverte pour voir s'il y était, mais il n'y était pas. Comme tant d'autres choses avant lui, le klaxon avait disparu sans laisser de trace.

Nous avions sauvé notre peau pour quelque temps Personne n'irait en prison, en tout cas, mais l'argent que Boris avait dû allonger au policier avait en grande partie épuisé nos réserves. Dans les trois jours qui ont suivi l'exhumation de Frick, les derniers objets du quatrième étage ont été vendus : un coupe-papier plaqué or, une table basse en acajou et les rideaux de velours bleu qui avaient orné les fenêtres. Après, nous avons fait rentrer un peu d'argent liquide supplémentaire en vendant des livres de la bibliothèque du rez-de-chaussée – deux étagères de Dickens, cinq Shakespeare complets (dont l'un en trente-huit volumes miniatures qui n'étaient pas plus grands que la paume de la main), un Jane Austen, un Schopenhauer, un *Don Quichotte* illustré – mais le marché du livre avait déjà rendu l'âme et ces objets n'ont rapporté que des broutilles. A partir de là, c'est Boris qui nous a servi de soutien. Sa réserve de marchandises était cependant loin d'être illimitée, et nous n'entretenions pas l'illusion qu'elle durerait très longtemps. Nous nous donnions au plus trois ou quatre mois. Avec le retour de l'hiver, nous savions que ce serait probablement moins que ça.

La réaction intelligente aurait consisté à fermer tout de suite la résidence Woburn. Nous avons essayé d'en persuader Victoria, mais il lui était difficile de prendre une telle mesure, et il s'est ensuivi plusieurs semaines d'incertitude. Puis, au moment où Boris paraissait sur le point de la convaincre, la décision lui a échappé comme elle nous a échappé à tous. Je veux parler de Willie. Rétrospectivement, il semble tout à fait inévitable que ça ait tourné ainsi, mais je te mentirais si je te disais qu'un seul d'entre nous l'ait vu venir. Nous étions tous trop pris par les tâches à accomplir, et lorsque ça s'est finalement produit, ce fut comme un coup de tonnerre dans un ciel serein, comme une explosion venue des entrailles de la terre.

Après l'enlèvement du corps de Frick, Willie n'a jamais été le même. Il continuait à faire son travail, mais seulement en silence, dans une solitude de regards vides et de haussements d'épaules. Dès qu'on s'approchait de lui, ses yeux s'enflammaient d'hostilité et de ressentiment. Une fois il a même repoussé ma main de son épaule comme pour signifier qu'il me ferait du mal si je recommençais. Comme nous travaillions ensemble dans la cuisine tous les jours, je passais probablement plus de temps avec lui que n'importe qui d'autre. Je faisais de mon mieux pour arranger les choses, mais je ne crois pas qu'il ait jamais intégré ce que je lui disais. "Ton grand-père va bien, Willie, disais-je. Il est au ciel, à présent, et ce qui arrive à son corps n'a pas d'importance. Son âme est en vie et il ne voudrait pas que tu te fasses tout ce souci pour lui. Rien ne peut lui faire du mal. Il est heureux là où il est maintenant, et il veut que tu sois heureux toi aussi." Je me sentais comme un père ou une mère essayant d'expliquer la mort à un jeune enfant, resservant ces mêmes hypocrisies absurdes que j'avais entendues dans la bouche de mes propres parents. Peu importait ce que je disais, pourtant, car Willie n'en avait absolument rien à faire. C'était un homme préhistorique, et sa seule façon de pouvoir réagir à la mort était d'adorer son ancêtre décédé, de le diviniser en pensée. C'était une chose que Victoria avait comprise instinctivement. Le lieu de l'inhumation de Frick était devenu un site sacré pour Willie, et maintenant cet endroit avait été profané. L'ordre des choses avait été pulvérisé, et je pouvais parler tout mon soûl, ça ne le remettrait jamais en place.

Il a commencé à sortir après le repas du soir, rentrant rarement avant deux ou trois heures du matin. Il était impossible de savoir ce qu'il faisait là-bas dans les rues, car il n'en parlait jamais et lui poser des questions ne servait à rien. Un matin, il n'est pas apparu. Je me suis dit que peut-être il était parti pour de bon, mais alors, juste après le déjeuner, il est entré dans la cuisine sans un mot et s'est mis à hacher des légumes, me mettant au défi d'être impressionnée par son arrogance. C'était vers la fin de novembre, et Willie était parti sur sa propre orbite, un météore errant sans trajectoire définie. J'ai cessé de compter sur lui pour qu'il fasse sa part de travail. Lorsqu'il était là, j'acceptais son aide ; lorsqu'il était parti, je faisais la besogne moi-même. Une fois, il est resté absent deux jours avant de revenir ; une autre fois, trois jours. A cause de ces absences qui se prolongeaient graduellement, nous nous sommes bercés de l'idée que d'une certaine façon il se séparait progressivement de nous. Tôt ou tard, pensions-nous, viendrait le moment où il ne serait plus là, plus ou moins de la même manière que Maggie Vine n'était plus là. Nous avions alors tant de choses à faire, la lutte pour maintenir à flot notre navire en train de couler était si épuisante, que nous avions tendance à ne pas penser à Willie quand il n'était pas dans les parages. La fois suivante il est resté absent six jours, et à ce stade nous avons tous eu l'impression, je crois, que nous ne le reverrions plus. Puis, très tard une nuit de la première semaine de décembre, nous avons été réveillés en sursaut par d'horribles coups sourds et un grand fracas venant des pièces du bas. Ma première réaction a été de penser que les gens de la file d'attente, dehors, avaient pénétré de force dans la maison ; mais alors, juste au moment où Sam a sauté du lit et s'est emparé du fusil de chasse que nous gardions dans notre chambre, il y a eu un bruit de mitraillette en bas, une forte détonation suivie par une pluie de balles, puis encore et encore la même chose. J'ai entendu des gens hurler, j'ai senti la maison trembler sous les pas, entendu la mitraillette déchirer les murs et les fenêtres, faire éclater les parquets. J'ai allumé une bougie, et j'ai suivi Sam jusqu'à l'escalier, en étant persuadée que j'allais voir l'officier de police ou un de ses hommes et en me bardant de courage pour l'instant où je serais criblée de balles. Victoria fonçait déjà devant nous, et, d'après ce que j'ai pu voir, elle n'était pas armée. Ce n'était pas le policier, évidemment, bien que je n'aie aucun doute qu'il s'agissait bien de son fusil-mitrailleur.

Willie, debout sur le palier du premier étage, était en train de monter vers nous, son arme à la main. Ma chandelle était trop éloignée pour que je puisse apercevoir son visage, mais je l'ai vu observer un temps d'arrêt quand il a remarqué que Victoria s'avançait vers lui. "Ça suffit, Willie, a-t-elle dit. Laisse tomber ce fusil. Laisse tomber ce fusil immédiatement." Je ne sais pas s'il avait l'intention de faire feu sur elle, mais le fait est qu'il n'a pas laissé tomber son arme. Sam était alors debout près de Victoria, et l'instant après qu'elle eut dit ces mots il a appuyé sur la gâchette de son fusil de chasse. La charge a atteint Willie en pleine poitrine, et il s'est soudain envolé en arrière, dégringolant les escaliers tout du long. Il est mort avant d'arriver en bas, je crois, mort avant même de s'apercevoir qu'on lui avait tiré dessus.

Ça s'est passé il y a six ou sept semaines. Des dix-huit résidents qui vivaient ici à ce moment-là, sept ont été tués, cinq ont réussi à s'échapper, trois ont été blessés et trois sont sortis indemnes. M. Hsia, un nouvel arrivant qui nous avait présenté des tours de cartes la veille au soir, est décédé de ses blessures par balles à onze heures le matin suivant. M. Rosenberg et Mme Rudniki se sont rétablis tous les deux. Nous les avons soignés pendant plus d'une semaine, et lorsqu'ils ont eu à nouveau assez de force pour marcher nous les avons mis dehors. Ils ont été les derniers résidents de Woburn.

Le matin après le désastre, Sam a fait un panneau qu'il a cloué sur la porte d'entrée : RÉSIDENCE WOBURN FERMÉE. Les gens dehors ne s'en sont pas tout de suite allés, mais il s'est mis à faire très froid, et comme les jours ont passé et que la porte ne s'est pas ouverte, les foules se sont dispersées. Depuis lors, nous ne bougeons plus, échafaudant des plans et nous efforçant de durer un hiver de plus. Sam et Boris passent une partie de chaque jour dans le garage à vérifier la voiture pour s'assurer qu'elle est en état de marche. Notre projet est de partir en auto dès que le temps redeviendra clément. Même Victoria se dit d'accord pour s'en aller, mais je ne suis pas certaine qu'elle parle vraiment sérieusement. Nous verrons bien quand viendra le moment, je suppose. Si j'en juge par la façon dont le ciel s'est comporté ces dernières soixante-douze heures, je ne crois pas que nous ayons beaucoup plus longtemps à attendre.

Nous avons fait de notre mieux pour nous débarrasser des corps, nettoyer les dégâts et lessiver le sang. Au-delà de ça, je ne veux rien dire. Nous n'avons terminé que l'après-midi suivant. Sam et moi sommes montés faire un petit somme, mais je ne pouvais pas m'endormir. Sam a plongé dans le sommeil presque tout de suite. Comme je ne voulais pas le déranger, je suis sortie du lit et je me suis assise sur le plancher dans un coin de la chambre. Mon vieux sac se trouvait là sur le sol, et sans aucune raison particulière je me suis mise à l'explorer C'est alors que j'ai redécouvert le cahier bleu que j'avais acheté pour Isabelle. Plusieurs pages du début étaient couvertes de ses messages, de courtes notes qu'elle m'avait écrites durant les derniers jours de sa maladie. La plupart de ces messages étaient fort simples – des choses comme "merci", ou "de l'eau", ou "Anna chérie" – mais quand j'ai vu cette écriture fragile et exagérément grande sur la feuille, quand je me suis souvenue de la dure bataille qu'elle avait menée pour rendre ces mots intelligibles – ces messages ne m'ont plus du tout paru aussi simples. Un millier de choses me sont aussitôt revenues en trombe. Sans même marquer un temps d'arrêt pour y réfléchir, j'ai tranquillement détaché ces pages du cahier, je les ai bien pliées en carré et je les ai replacées dans le sac. Puis, prenant un des crayons que j'avais achetés à M. Gambino si longtemps auparavant, j'ai calé le cahier sur mes genoux et je me suis mise à écrire cette lettre.

J'y suis sans arrêt depuis lors, ajoutant chaque jour quelques pages de plus, m'efforçant de tout noter pour toi. Parfois je me demande combien de choses j'ai omises, combien se sont perdues pour moi et ne se retrouveront jamais, mais il s'agit là de questions qui ne peuvent avoir de réponses. Le temps tire à sa fin, maintenant, et je ne dois pas gaspiller plus de mots que nécessaire. Au début, je pensais que ça ne prendrait pas très longtemps – quelques jours pour te livrer l'essentiel et ce serait terminé. A présent, presque tout le cahier est rempli et j'ai à peine effleuré la surface. Ce qui explique pourquoi mon écriture est devenue de plus en plus petite à mesure que j'avançais. J'ai essayé de tout faire tenir, d'arriver au bout avant qu'il ne soit trop tard, mais je me rends compte maintenant que je me suis très lourdement trompée. Les mots ne permettent pas ce genre de choses. Plus on s'approche de la fin, plus il y a de choses à dire. La fin n'est qu'imaginaire, c'est une destination qu'on s'invente pour continuer à avancer, mais il arrive un moment où on se rend compte qu'on n'y parviendra jamais. Il se peut qu'on soit obligé de s'arrêter, mais ce sera uniquement parce qu'on sera à court de temps. On s'arrête, mais ça ne veut pas dire qu'on soit arrivé au bout.

Les mots deviennent de plus en plus petits, si minuscules qu'ils ne sont peut-être plus lisibles. Ça m'évoque Ferdinand et ses bateaux, sa flotte lilliputienne de voiliers et de goélettes. Dieu sait pourquoi je persiste. Je ne crois pas qu'il y ait un moyen pour que cette lettre te parvienne. C'est comme appeler dans le vide, comme hurler dans un vaste et terrible vide. Puis, quand je m'accorde un moment d'optimisme, je frémis à la pensée de ce qui se passera si elle aboutit entre tes mains. Tu seras abasourdi par ce que j'ai écrit, tu en seras malade d'inquiétude et puis tu commettras la même erreur imbécile que moi. Non, s'il te plaît, je t'en supplie. Je te connais assez pour savoir que tu le ferais. S'il te reste encore quelque amour pour moi, je t'en prie, ne te laisse pas happer par ce piège. Je ne pourrais pas supporter l'idée de devoir me faire du souci pour toi, de penser que tu pourrais errer dans ces rues. C'est bien assez qu'un de nous ait été perdu. L'important, c'est que tu restes où tu es, que tu continues à y être pour moi dans mon esprit. Je suis ici, tu es là-bas. C'est la seule consolation que j'ai, et tu ne dois rien faire pour la détruire.

D'un autre côté, même si ce cahier finit par te parvenir, rien ne dit que tu doives le lire. Tu n'as aucune obligation envers moi, et je ne voudrais pas me dire que je t'ai forcé à faire quoi que ce soit contre ta volonté. Parfois, je me découvre même en train d'espérer que ça se passera ainsi : que tu n'auras tout simplement pas le courage de commencer. Je vois bien la contradiction, mais c'est le sentiment que j'ai parfois. Si c'est le cas, les mots que je t'écris à présent sont déjà invisibles pour toi. Tes yeux ne les verront jamais, ton cerveau ne sera jamais encombré par la plus infime partie de ce que j'ai dit. Tant mieux, peut-être. Pourtant, je ne crois pas que je souhaiterais que tu détruises cette lettre ni que tu la jettes. Si tu décides de ne pas la lire, peut-être devrais-tu alors la faire passer à mes parents. Je suis sûre qu'ils aimeraient avoir ce cahier, même s'ils ne peuvent, eux non plus, se résoudre à le lire. Ils pourraient le mettre quelque part dans ma chambre, chez nous. Il me semble que ça me plairait de savoir qu'il a abouti dans cette pièce. Debout sur une des étagères au-dessus de mon lit, par exemple, avec mes vieilles poupées et le costume de ballerine que j'avais à l'âge de sept ans – une dernière chose pour se souvenir de moi.

Je ne sors plus guère. Seulement lorsque vient mon tour de faire les courses, mais même alors Sam se propose généralement pour me remplacer. J'ai perdu l'habitude des rues, à présent, et les sorties sont devenues pour moi une rude épreuve. Je crois que c'est une question d'équilibre. Mes maux de tête ont à nouveau été violents, cet hiver, et dès que je dois faire plus de cinquante ou de cent mètres à pied, je commence à vaciller. Chaque fois que je fais un pas, j'ai l'impression que je vais tomber. Rester à l'intérieur ne m'est pas aussi difficile. Je continue à faire la plus grande partie de la cuisine, mais après avoir préparé des repas pour vingt ou trente personnes, cuisiner pour quatre n'est presque rien. De toute façon nous mangeons peu. Assez pour calmer les élancements, mais à peine plus que ça. Nous essayons de préserver notre argent pour le voyage, et nous devons donc nous en tenir à ce régime. L'hiver a été relativement froid, presque autant que l'Hiver terrible, mais sans les tempêtes de neige perpétuelles et les vents forts. Nous nous sommes chauffés en démantelant des parties de la maison et en mettant les morceaux dans la chaudière. C'est Victoria elle-même qui a proposé cet expédient, mais je ne saurais dire si cela signifie qu'elle se tourne vers l'avenir ou si simplement ça lui est devenu indifférent. Nous avons démoli les rampes d'escalier, le châssis des portes, les cloisons. Nous avons d'abord trouvé une sorte de plaisir anarchique à couper ainsi la maison en morceaux pour faire du combustible, mais à présent ça n'a plus rien que de sinistre. La plupart des pièces ont été mises à nu, et c'est comme si nous habitions dans une gare routière désaffectée, une vieille épave d'immeuble promise à la démolition.

Pendant les deux dernières semaines, Sam est sorti pratiquement tous les jours pour passer au peigne fin les zones de défense à la périphérie, étudiant la situation le long des remparts, regardant soigneusement pour déterminer si les troupes sont en train de se masser ou pas. Le fait de savoir ces choses pourrait revêtir une importance cruciale le moment venu. A l'heure actuelle, le rempart du Ménétrier semble représenter le choix logique pour nous. C'est la barrière la plus occidentale, et il conduit directement à une route menant en rase campagne. La porte Millénaire, au sud, nous a cependant tentés. Il y a plus de circulation de l'autre côté, à ce qu'on dit, mais la porte elle-même n'est pas aussi fortement gardée. La seule direction que nous ayons totalement éliminée jusqu'à présent est le nord. Apparemment, il y a beaucoup de danger et de remue-ménage dans cette partie du pays, et depuis quelque temps les gens parlent d'invasion, d'armées étrangères qui se regroupent dans les forêts et s'apprêtent à attaquer la ville dès la fonte des neiges. Nous avons déjà entendu ces rumeurs auparavant, bien sûr, et il est difficile de savoir ce qu'il faut croire. Boris Stepanovich nous a déjà obtenu des permis de voyage en soudoyant un fonctionnaire, mais il passe encore plusieurs heures tous les jours à rôder autour des bâtiments municipaux, dans le centre de la ville, avec l'espoir de glaner quelques bribes d'informations qui pourraient nous être utiles. Nous avons de la chance d'avoir les permis de voyage, mais il ne s'ensuit pas forcément qu'ils seront efficaces. Il peut s'agir de faux, auquel cas nous risquons d'être arrêtés lorsque nous les présenterons au Superviseur des sorties. Ou bien il peut les confisquer sans aucune raison et nous ordonner de faire demi-tour. Ce sont des choses dont on sait qu'elles ont eu lieu et nous devons être prêts à toute éventualité. Boris, par conséquent, continue à fureter et à tendre l'oreille, mais ce qu'il entend dire est trop confus et trop contradictoire pour être de quelque valeur concrète. Il pense que ça signifie que le gouvernement va bientôt tomber à nouveau. Si c'est le cas, nous pourrions profiter de la confusion momentanée, mais rien n'est encore bien clair. Rien n'est clair, et nous continuons à attendre. Pendant ce temps, la voiture est dans le garage, avec notre chargement de valises et neuf jerrycans de carburant supplémentaire.

Boris a emménagé avec nous il y a un mois environ. Il est nettement plus mince qu'auparavant, et de temps à autre je peux déceler un air défait sur son visage, comme s'il souffrait de quelque maladie. Il ne se plaint jamais, cependant, et il est donc impossible de savoir quel est le problème. Physiquement, il est incontestable qu'il a perdu un peu de son ressort, mais je ne crois pas que son moral en ait été affecté, du moins pas de manière évidente. Son obsession principale, ces jours-ci, est d'essayer de déterminer ce que nous ferons de nous-mêmes lorsque nous aurons quitté la ville. Il sort un nouveau plan presque tous les matins, et chacun est plus absurde que le précédent. Le plus récent les bat tous, mais je crois que secrètement c'est celui-là qui lui tient à cœur. Il veut que nous mettions sur pied, tous les quatre, un spectacle de magiciens. Nous pourrons sillonner la campagne dans notre voiture, dit-il, et donner des représentations en échange de la nourriture et du logement. Ce sera lui le magicien, bien sûr, habillé d'un smoking noir et d'un haut-de-forme en soie. Sam sera l'aboyeur et Victoria sera l'imprésario. Je serai quant à moi l'assistante – la jeune femme voluptueuse qui caracole dans des vêtements courts tout ornés de sequins. Je passerai ses instruments au maestro pendant qu'il se produira, et pour la grande finale j'entrerai dans une caisse en bois où on me sciera en deux. Il y aura une longue et folle pause, et puis, à l'instant précis où tout espoir aura été abandonné, je surgirai de la boîte avec tous mes membres intacts, je ferai des gestes de triomphe et j'enverrai des baisers à la foule avec, sur mon visage, un sourire radieux et factice.

Si on considère ce à quoi nous devons nous attendre, c'est un plaisir que de rêver à de telles absurdités. Le dégel paraît imminent, désormais, et il est même possible que nous partions demain matin. Voici où en étaient les choses quand nous sommes allés nous coucher : si le ciel paraît favorable, nous nous en irons sans un mot de plus. Nous sommes au cœur de la nuit, maintenant, et le vent souffle dans la maison à travers les fissures. Tous les autres dorment et je suis assise en bas, dans la cuisine, en essayant d'imaginer ce qui m'attend. Je ne peux pas me le représenter. Je ne peux même pas avoir un début d'idée de ce qui va nous arriver là-bas. Tout est possible, ce qui est à peu près la même chose que rien, à peu près la même chose que de naître dans un monde qui n'a encore jamais existé. Peut-être trouverons-nous William après avoir quitté la ville, mais j'essaie de ne pas nourrir trop d'espoirs. La seule chose que je demande à présent, c'est la chance de vivre un jour de plus. C'est Anna Blume, ta vieille amie d'un autre monde. Lorsque nous arriverons là où nous allons, j'essaierai de t'écrire à nouveau, je te le promets.

LECTURE
DE
CLAUDE GRIMAL

Au pays des choses dernières*, arrivc une jeune fille du nom d'Anna Blume. Que va trouver cette voyageuse aux initiales des premières lettres de l'alphabet dans un monde en train de finir ? Cette enfant de débuts et de promesses (elle a dix-neuf ans lorsqu'elle débarque) abandonne la recherche d'un frère, raison de son voyage, s'enfonce dans la ville et s'installe au cœur de ce que l'épigraphe nous a au préalable présenté comme la “Cité de la Destruction”.

Le livre que nous lisons est la longue lettre qu'elle envoie à un ami d'enfance resté de l'autre côté des mers. “Je ne crois pas qu'il y ait un moyen pour que cette lettre te parvienne. C'est comme appeler dans le vide, comme hurler dans un vaste et terrible vide”, écrit Anna. Le manuscrit est pourtant parvenu à quelqu'un, nous le lisons par-dessus l'épaule d'un premier lecteur, qui n'est peut-être pas le destinataire désiré par Anna. Ce premier lecteur nous

* Telle serait la traduction littérale du titre anglais du livre *In the Country of Last Things.*

fait sentir qu'il a, avant nous, entendu ce désespoir d'un autre monde. Dans les premières pages, puis plus rarement par la suite, les phrases d'Anna sont ponctuées d'indications ("écrivait-elle", "poursuivait-elle", "a-t-elle continué") marquant la présence de l'ami d'enfance ou du destinataire choisi par le hasard. Anna n'est plus seule, sa souffrance a retraversé les mers ou le temps, elle est parvenue à bon port.

Anna, "petite fille de riches", a quitté son pays natal pour partir à la recherche de son frère William dont on est sans nouvelles depuis presque un an. Elle ne le retrouvera pas, en tout cas pas dans les pages du roman. Elle a laissé derrière elle une vie privilégiée où la main des domestiques évitait tout labeur ennuyeux, où "le linge frais et plié [se retrouvait] tous les vendredis dans les tiroirs de [sa] commode". Lorsque nous l'apprendrons au détour d'une page, se creusera encore plus le gouffre entre le monde répugnant de précarité et de privation représenté par la Cité de la Destruction et le sien, fait de vacances d'été, de leçons de piano, de parents attentifs et de chevaliers aimants. "Tu m'as aimée, n'est-ce pas, tu m'as aimée jusqu'à t'en rendre fou", dit Anna au destinataire de la lettre-livre.

C'était le passé : *Apocalypse, now !* Anna est entrée dans un monde d'après la catastrophe où les cataclysmes sont quotidiens. Pour assurer l'irrémédiable, Auster a coupé la ville du reste de l'univers. Anna est arrivée dans la cité par la mer, seule passagère d'un bateau qui s'en est retourné. Dernier sillage : à présent l'océan est vide. Au fil du récit toute possibilité de retour s'évanouit, nul arrivant ne débarque, aucun message du dehors ne parvient.

Il n'y a plus d'ailleurs, même s'il existe bien quelque chose au-delà de cette ville. Les portes de la cité sont solidement gardées, les permis de voyage difficiles à obtenir, et personne ne revient d'excursions entreprises à l'extérieur. Le bruit circule que les steppes hostiles qui entourent la ville grouillent d'armées étrangères sur le pied de guerre. Pas d'espoir maritime, non plus. Par crainte de débarquements ennemis, les autorités municipales, nous l'apprenons au milieu du roman, se sont mises à construire un mur sur le front de mer.

Les mondes "normaux" et connus disparaissent ; toute communication avec eux devient impossible. Ne reste plus qu'un lieu assiégé de l'extérieur par des forces inconnues et miné par ses horreurs internes. Nous reconnaissons là des situations envisagées par des imaginations aussi différentes que celles de Dino Buzzati dans *le Désert des Tartares*, de Vladimir Nabokov dans *Brisure à Senestre*, de J. M. Coetzee dans *En attendant les barbares*, de William Golding dans *Darkness Visible*, de Thomas Pynchon dans *L'Arc-en-ciel de la gravité*, de Jeunet et Caro dans leur film *Delicatessen.*

Mais le souvenir de notre monde surgit à chaque page du *Voyage d'Anna Blume* : l'existence d'un ailleurs fulgure par instants, lorsque apparaissent les noms de la Chine, de Paris… lorsque des personnages évoquent leur naissance dans un pays lointain, parlent avec des accents étrangers… Dans l'univers insensé de la Cité, ces lieux et ces hommes sont les rappels poignants de cultures, de groupes humains évanouis.

Les lieux de la ville portent des noms fantomatiques, ce sont, dans le langage, les fragiles échos d'une humanité disparue, d'un savoir devenu inutile : boulevard Ptolémée, place du Dictionnaire, rempart du Ménétrier… Mais l'univers de la dystopie a le dessus et impose son quadrillage terminologique sinistre : la ville est divisée en zones de recensement, patrouillée par les Fécaleux, parcourue par des groupes de Tout-sourires ou de Rampants, surveillée par la Maréchaussée centrale, etc.

De la catastrophe qui a réduit cette cité, autrefois en tout point semblable aux nôtres, à cette agonie répugnante, nous ne saurons rien car l'attention du livre ne se porte pas vers les causes mais vers les effets : la description du monde de la désintégration. L'allégorie n'est pas politique… pas de coupables, pas de raisons… simplement un état de dégradation économique absolu qui génère des êtres humains monstrueux. La vision d'Auster n'a aucune prétention réaliste, mais elle ne peut qu'éveiller le souvenir d'épisodes hideux de l'histoire du XXe siècle, ou magnifier par l'horreur certaines situations de misère familières à nos villes contemporaines.

Aucun effort d'explication sur l'organisation économique de la cité ne sera tenté. "Je n'ai aucune idée de la manière dont la ville se maintient, écrit Anna, et même si je devais explorer ces choses-là, il me faudrait sans doute tellement de temps que toute la situation aurait changé pendant que je serais parvenue à mes découvertes. Où poussent les légumes, par exemple, et comment on les trans porte en ville ? Je ne peux pas te donner la réponse."

L'intérêt va porter non pas sur le fonctionnement interne de la dystopie, mais sur le fonctionnement mental des individus qui la composent et privilégier la description de cet univers en état de violente décomposition.

Cette ville qu'arpente Anna Blume nous semblera familière. Avec ses gravats et ses violences, elle évoquera à certains lecteurs les bandes dessinées ou les films de science-fiction. La douleur terrible de ses habitants et ses ruines hystériques rappelleront à d'autres lecteurs les univers des expressionnistes allemands (celui par exemple de Ludwig Meidner avec ses tableaux de villes qu'il intitulait lui-même "apocalyptiques" et dans lesquels il inscrivait parfois son visage).

Dans les rues dévastées errent des hommes et des femmes dont la seule activité possible est le ramassage des ordures, des déchets et leur revente à des chiffonniers. Il n'y a pratiquement plus de travail et Anna allongera de page en page le catalogue des disparitions : logis, vêtements, nourriture... Pourtant, ajoutera-t-elle, "ce qui me paraît surprenant, ce n'est pas que tout se désagrège, mais que tant de choses continuent à exister. Il faut longtemps pour qu'un monde disparaisse, bien plus longtemps qu'on ne le suppose. Les vies continuent à être vécues et chacun d'entre nous reste le témoin de son propre petit drame".

Les "petits drames" d'Anna Blume sont l'amitié, l'amour, le viol et la mort sur fond de désintégration de toutes choses. Ces événements ponctuent un livre qui n'est en fait qu'une peinture de la détérioration. Anna connaît l'amitié, devient responsable d'autrui, éprouve l'abjection des autres et sa violence à elle. Elle rencontre un homme Sam Farr, au nom de lointain (*far* signifie éloigné en anglais), l'aime, le perd, frôle la mort, retrouve passion et amitié avec une femme, Victoria, qui veut triompher de tout, même de l'impossible, rapprend l'imagination grâce aux histoires de Boris Stepanovich, puis finalement Sam Farr réapparaît. Les dernières pages du roman sont celles qui précèdent sa tentative de départ vers les steppes mystérieuses en compagnie du trio Sam, Victoria et Boris. Ne reste à ces quatre personnages qu'un rêve absurde : fuir et devenir saltimbanques ambulants – idée rocambolesque de Boris. L'imaginaire est un dernier plaisir surtout lorsqu'on sait qu'en fait, tous, comme Anna, ne demandent plus qu'une seule chose "à présent, (...) la chance de vivre un jour de plus".

Mais ces quatre personnages sont les bons et les purs. Les autres habitants, aperçus de plus ou moins près, fonctionneront selon la mécanique humaine connue du malheur. Dans cette ville les lois de la douleur sont implacables "quiconque souffre cherche à communiquer sa souffrance – soit en maltraitant, soit en provoquant la pitié – afin de la diminuer, et il la diminue vraiment ainsi*". Hélas. "Un malheur trop grand met un être humain au-dessous de la pitié : dégoût, horreur, mépris**." Le choix pour presque tous n'existe qu'entre le monstrueux et l'avilissant.

Pas pour les figures principales du livre, tranquilles et souffrantes images du remarquable. Les autres n'ont que le choix de répandre le mal hors d'eux ou de se tuer. Ainsi les personnages répugnants sont foison, tous, en général, vus de loin : les rues grouillent d'assassins, de détrousseurs de cadavres, d'escrocs... En vision de près, nous aurons Ferdinand qui tente de violer Anna, et Dujardin qui cherche à la vendre, semble-t-il, comme viande de boucherie.

Les suicidaires abondent aussi, organisés en bizarres sociétés d'encouragement mutuel à la mort – les Courants qui dévalent les rues du plus vite qu'ils peuvent dans l'espoir de mourir en plein élan, et les Sauteurs qui se préparent au dernier choc final avec le pavé.

* Simone Weil, *La Pesanteur et la Grâce*, Plon, 1947, p. 12.
** *Ibid.*, p. 10.

Mais les personnages essentiels du livre sont, eux, presque tous des sortes de saints parce qu'ils ont choisi une voie qu'ils poursuivront jusqu'à la limite de leurs forces sans s'avilir. Ils aiment en pure perte. Ils apprennent le détachement par amour (d'un autre, d'un idéal, d'un savoir, de l'imagination) ou parce qu'ils ont mesuré le point qu'ils occupent dans le temps et dans l'espace. Ils ont saisi le presque rien. Alors la vérité et la solitude leur appartiennent.

Pour combler l'horreur, pour tenter d'être avec les autres, il ne peut exister que cet effort vers le vide. En fait, Anna et ses compagnons, malgré leurs apparentes différences, sont unis dans une connaissance semblable, ils savent qu'il n'y a pas de consolation, qu'il faut accepter la souffrance et la mort, et qu'alors naît la possibilité de l'existence. Une fois dégagés des espérances qui font de la vie une suite de catastrophes, ils peuvent exister, tant il est vrai, comme disait Pascal, que "nous disposant toujours à être heureux, il est inévitable que nous ne le soyons jamais".

Ils apprennent les principes du détachement. De là, la fascination du livre, comme dans tous les romans d'Auster, pour la disparition progressive. Que se passe-t-il, demande en quelque sorte *le Voyage d'Anna Blume*, lorsqu'on a perdu son pays, la protection de ses parents, l'admiration des gens qui vous aimaient, son travail, ses repères, la possibilité de se nourrir… ? Réponse : on se suicide ou bien l'on se perd encore plus dans un processus de violence ou de bassesse avec l'illusion qu'il comble la douleur. L'autre possibilité, c'est de devenir Anna, Victoria, Boris, Farr. On échappe alors au chaos. D'autres écrivains fascinés par le détachement, le vide, la pesanteur et la grâce, l'avaient déjà signalé.

"L'extinction du désir […] ou le détachement absolu – ou l'*amor fati* – ou le désir du bien absolu, c'est toujours la même chose : vider le désir, la finalité de tout contenu, désirer à vide, désirer sans souhait […].

En tout, par-delà l'objet particulier quel qu'il soit, vouloir à vide, vouloir le vide. Car c'est un vide pour nous que ce bien que nous ne pouvons ni nous représenter ni définir. Mais ce vide est plus plein que tous les pleins.

Si on arrive là, on est tiré d'affaire, car Dieu comble le vide. Il ne s'agit nullement d'un processus intellectuel, au sens où nous l'entendons aujourd'hui. L'intelligence n'a rien à trouver, elle a à déblayer. Elle n'est bonne qu'aux tâches serviles*."

C'est ceci que montre le roman d'Auster, si l'on veut bien accepter la formulation par le divin. Anna non pas brisée mais sauvée. La Cité de la Destruction apparaît alors, en poursuivant la référence

* *La Pesanteur et la Grâce*, *op. cit.*, p. 21.

à John Bunyan, comme une étape sur le chemin de la Cité Céleste*, non pas une catastrophe pour l'âme mais un passage obligé, un exercice spirituel, la perte d'une illusion.

La Cité de la Destruction présenterait la réalité de notre monde fragmenté, incertain, mortel, et seul un effort vers le vide peut surmonter le désastre de ce changeant chaos. L'effort s'accomplit avec tristesse, souffrance, sentiment de perte ; thèmes doloristes chers à Auster.

Mais les dernières pages – dans la maison démantelée, avec Anna sur le départ griffonnant les derniers mots du cahier – ne nous laissent pas l'impression terriblement douce de vide et de blanc qui nous envahit à la fin des autres romans d'Auster.

L'odeur nauséabonde de la Cité, de la pourriture des choses et des corps, s'élève trop forte pour laisser se déployer cette vision pure et brutale de grand dépouillement blanc qu'on trouve dans la *Trilogie new-yorkaise* ou *l'Invention de la solitude*.

Il semblerait qu'ici, Auster ne veut pas choisir entre, disons, *les Aventures d'Arthur Gordon Pym* et *la Vérité sur le cas de monsieur Valdemar*. C'est comme s'il hésitait entre deux fins à la Edgar Allan Poe : la nuée prodigieuse, blanche,

* John Bunyan a écrit au XVIIe siècle un *Voyage du pèlerin* allégorique où le personnage Chrétien quitte la Cité de la Destruction pour se mettre en route vers la Cité Céleste ; il rencontrera de nombreux obstacles en chemin.

dans laquelle Pym va disparaître ou la “masse dégoûtante et quasi liquide, l’abominable putréfaction” à laquelle est soudain réduit le corps de M. Valdemar.

Mais Anna, qui a souffert, progressé, écrit, appris ce que Pavese appelle “le métier de vivre”, échappe – nous aimons à le penser – au pourrissement de cette ville-cadavre, et part vers le grand blanc mortifère et sauveur.

TABLE

DU MÊME AUTEUR AUX ÉDITIONS ACTES SUD

TRILOGIE NEW-YORKAISE :
– vol. 1 : *CITÉ DE VERRE*, 1987 ;
– vol. 2 : *REVENANTS*, 1988 ;
– vol. 3 : *LA CHAMBRE DÉROBÉE*, 1988 ; Babel n° 32.
L'INVENTION DE LA SOLITUDE, 1988 ; Babel n° 41.
LE VOYAGE D'ANNA BLUME, 1989 ; rééd. sous le titre *AU PAYS DES CHOSES DERNIÈRES*.
MOON PALACE, 1990 ; Babel n° 68.
LA MUSIQUE DU HASARD, 1991 ; Babel n° 83.
L'ART DE LA FAIM, 1992.
LE CARNET ROUGE, 1993.
LE CARNET ROUGE/L'ART DE LA FAIM, Babel n° 133.
LÉVIATHAN, 1993 ; Babel n° 106.
DISPARITIONS (coéd. Unes), 1994 ; Babel n° 870.
MR VERTIGO, 1994 ; Babel n° 163.
SMOKE/BROOKLYN BOOGIE, 1995 ; Babel n° 255.
LE DIABLE PAR LA QUEUE, 1996 ; Babel n° 379.
LA SOLITUDE DU LABYRINTHE (entretien avec Gérard de Cortanze), 1997 ; Babel n° 662, édition augmentée.
LULU ON THE BRIDGE, 1998 ; Babel n° 753.
LE NOËL D'AUGGIE WREN, Actes Sud Junior, 1998.
TOMBOUCTOU, 1999 ; Babel n° 460.
LAUREL ET HARDY VONT AU PARADIS suivi de *BLACK-OUT* et *CACHE-CACHE*, Actes Sud-Papiers, 2000.
JE PENSAIS QUE MON PÈRE ÉTAIT DIEU, 2001 ; Babel n° 556.
LE LIVRE DES ILLUSIONS, 2002 ; Babel n° 591.
CONSTAT D'ACCIDENT, 2003 ; Babel n° 630.
HISTOIRE DE MA MACHINE À ÉCRIRE (avec Sam Messer), 2003.
LA NUIT DE L'ORACLE, 2004 ; Babel n° 720.
BROOKLYN FOLLIES, 2005 ; Babel n° 785.
DANS LE SCRIPTORIUM, 2007 ; Babel n° 900.
LA VIE INTÉRIEURE DE MARTIN FROST, 2007 ; Babel n° 935.
SEUL DANS LE NOIR, 2009 ; Babel n° 1063.
INVISIBLE, 2010 ; Babel n° 1114.
SUNSET PARK, 2011 ; Babel n° 1177.
CHRONIQUE D'HIVER, 2013 ; Babel n° 1274.
ICI & MAINTENANT. CORRESPONDANCE 2008-2011 (avec J. M. Coetzee), 2013.

EXCURSIONS DANS LA ZONE INTÉRIEURE, 2014 ; Babel n° 1384.
LA PIPE D'OPPEN, 2016 ; Babel n° 1490.

En collection Thesaurus :
ŒUVRES ROMANESQUES, t. I, 1996.
ŒUVRES ROMANESQUES ET AUTRES TEXTES, t. II, 1999.
ŒUVRES ROMANESQUES, t. III, 2011.

Achevé d'imprimer en août 2017 par Normandie Roto Impression s.a.s. 61250 Lonrai pour le compte d'Actes Sud, Le Méjan, Place Nina-Berberova, 13200 Arles
Dépôt légal 1re édition : mai 2014
N° impr. : 1701874
(Imprimé en France)